张爸爸教你陪孩子
玩故事

张大光 著

风靡亚洲的故事大王

贵州出版集团
贵州人民出版社

图书在版编目（CIP）数据

张爸爸教你陪孩子玩故事 / 张大光著.—贵阳：贵州
人民出版社，2018.12
ISBN 978-7-221-14927-5

Ⅰ.①张… Ⅱ.①张… Ⅲ.①故事课—学前教育—教
学参考资料 Ⅳ.①G613.3

中国版本图书馆CIP数据核字（2018）第263107号

Zhangbaba Jiaoni Peihaizi Wangushi

张爸爸教你陪孩子玩故事　　张大光　著

出　　　版 / 贵州出版集团　贵州人民出版社
发　　　行 / 贵州出版集团　贵州人民出版社
责任编辑 / 刘晓岚　陈田田
封面设计 / 陈　晨
装帧设计 / 黄红梅
地　　　址 / 贵州省贵阳市观山湖区会展东路SOHO公寓A座
邮　　　编 / 550081
电　　　话 / 0851-86820345
印　　　刷 / 深圳市泰和精品印刷有限公司
开　　　本 / 889mm×1194mm　1/32
印　　　张 / 6.875
版　　　次 / 2019年3月第1版
印　　　次 / 2019年3月第1次印刷
书　　　号 / ISBN 978-7-221-14927-5
定　　　价 / 45.00元

给孩子一份终身受用的礼物——共读

故事屋创办人　张大光

常有朋友去我们家都会发现一件有趣的事情：就是我们家玩具很少。他们会问我："你都不买礼物给小孩吗？"我则会和他们分享：对我来说，多花时间和孩子在一起才是最好的礼物。

但是，对现在的父母来说，挪出时间来多陪孩子谈何容易呢？其实大家都误会了。当你回到家，改变一下，别急着打开电视，别急着打开电脑，花一点时间陪孩子一起洗澡、陪着孩子一起阅读。哇！你会发现孩子其实只需要一点点的时间，也许只是半小时、一小时，都会让你的亲子关系变得更好。千万别小看这样的改变，这样的亲子时间可是兼具质和量的哦！

尤其是亲子说故事时间，当孩子坐在爸爸妈妈的旁边，身体靠着身体，手握着手，眼睛看着眼睛，没有任何事情能如此直接让孩子感受到父母对他的关怀，没有任何的玩具衣服可以产生这样的深度交流，没有任何的礼物可以这么温暖的传达世间最重要的爱了。如果你的老板、你的客户都可以随时要求你拨多一点时间给他们，那么你应该也可以多拨一点时间陪你可爱的孩子共读哦！

不过，长期以来，我发现很多人对说故事这件事都有一些小小的偏差及误解。不信的话，请大家看看下面几个有趣的问题：

1. 孩子只看得懂图，看不懂文字。使用绘本时，你是在用图说故事吗？还是都在看文字呢？

2. 看完一本书，你喜欢人家逼问你这本书在说什么吗？你能很快回答出来吗？但你是否也常常急着问小朋友这个故事在说什么呢？

3. 你看一部电影或是一本喜欢的书，目的是什么呢？也许只是让自己放松开心，但是说故事给小朋友听的时候，会不会有太多的其他目的呢？

如果以上三个问题，你的情况和答案都是肯定的，那么你跟我以前一样，有很多方法都要赶快调整了。

首先，我真的建议大家，拿到一本故事书，一定要先去读图，而不是读文字。不知道你是否注意到：说故事的时候，如果你是在念文字，小朋友的眼睛是在看哪里呢？哈哈！你应该很容易就会发现大人和孩子看的地方不一样呢！有人曾经告诉我小朋友应该自己看得懂啊！其实只要做个实验，你就会了解到小朋友看绘本的感受。（相信我，就算是大人，光看图不看文字，几乎所有的绘本都看不懂在说什么，更何况小朋友呢！）建议你拿到绘本的时候，先看一遍图，如果你看不懂图，再回来看文字。看文字的目的在于看懂图在说什么，这样你就会马上发现，在讲给小朋友听的时候会变得非常顺畅，而且充满互动性哦！

其次，建议大家在说故事这件事情上，不要有太多的目的。当说故事太有目的性或是急着给小朋友灌输东西，这不就变成考试了吗？这样往往会造成小朋友在听故事这件事情上有很大的压力。我就曾经听过一个小朋友跟我说，他不喜欢听故事的原因是妈妈说完故事很喜欢问他很多问题，讲不出来妈妈还会很生气。因此，真的提醒大家：培养孩子的三观、扩大知识面都不是一个故事就可以做到的，必须通过累积才能产生影响。

最后，和大家分享我长期观察到的一个有趣现象。不知道大家有没有注意到，每次讲完一本书，小朋友往往会找机会去翻一下那本书。这一点从我孩子身上也获得了验证。因此，通常喜欢听故事的孩子，到最后几乎都会喜欢阅读。如果你能够通过养成共读的习惯，让你的孩子自己喜欢上阅读，那你已经送给孩子份人生最大的礼物了。

目 录 CONTENTS

1

特别精选篇
Tebie Jingxuanpian

天真的莉莉觉得，

阿福一定是因为知道天堂很好玩，

有云霄飞车和好吃的糖果冰淇淋，

所以想自己一个人去，可是阿福告诉莉莉……

天 堂

张爸爸讲故事

　　小女孩莉莉养了一只陪着她一起长大的狗，叫作"阿福"。有一天，阿福竟然在整理行李——原来阿福老了，要去天堂了。莉莉当然舍不得，于是她跟着阿福一起走到公园，等待狗天使来接阿福。

　　莉莉不希望阿福离开，她请求阿福带她一起去天堂，可是这当然不行啦。于是，难过的莉莉只好跟狗天使请求，让阿福继续留下来。最后，狗天使只好勉为其难地答应再给阿福五分钟，让他们再说说话。

天真的莉莉觉得，阿福一定是因为知道天堂很好玩，有云霄飞车和好吃的糖果冰淇淋，所以想自己一个人去，可是阿福告诉莉莉：

"狗的天堂不是那样，狗的天堂里有很多的电线杆和骨头，还可以到处便便呢！"

但是伤心的莉莉生气了，她告诉阿福说：

"你很调皮，会偷吃妈妈烤的鸡，还会在家里乱咬东西，所以不！会！去！天！堂！"

阿福也生气了，它告诉莉莉：

"不要这样说嘛！我虽然有点调皮，但还是很认真地在当一只乖狗狗啊！"

就在他们开始争吵的时候，狗天使回来了！

莉莉和阿福都安静了下来，阿福看着莉莉，莉莉也看着阿福，他们紧紧地拥抱对方，因为他们都知道，这是最后一次拥抱了。

"阿福，你是世界上最棒的狗狗了！"

"莉莉，你是世界上最棒的主人了！"

后来阿福跟着狗天使走了，莉莉一个人回到了家。

看着家里阿福的窝，看着家里阿福的玩具，看着门上阿福的抓痕，她觉得心里空空的，一切仿佛都变得不一样了！

莉莉走到公园，坐在椅子上发呆，一只到处流浪的小狗跑了过来，最后莉莉决定把这只小狗带回家，好好照顾它，让它住在阿福的窝里，玩阿福的玩具，然后晚上陪着它睡觉，就像以前陪伴阿福一样。

在天堂里的阿福看着莉莉说：

"呵呵！这只小狗真像在天堂……"

深爱理由

张爸爸超级爱这个天真却又带着一点伤感的故事！尤其是这本绘本，以利落轻巧的文字，配合图画，刻画出孩子的天真，以及面对宠物过世时的不舍。

其中有几段对话非常有意思，比如莉莉和阿福在谈论天堂的样子，相信你和孩子都会觉得十分有趣，再看到最后那张两个人告别前安静拥抱的画面，一定也会很感动。

这本绘本的另一个难能可贵之处，是将孩子的心情转折描写得十分细腻，这是许多绘本做不到的。我想作者应该是一个很懂孩子的人，或是他自己也曾经历过那样的伤心吧！

故事里的莉莉，从天真转而难过，再从生气到不舍，不断牵动着看故事和听故事的人的心，记得我之前在故事屋分享这个故事的时候，不管大人还是小孩，一开始大家都觉得很可爱温馨，可是到了故事的结尾，大家都变得好安静！有一个小朋友还跟我说："有点想哭……"

进行方式

如果你是在家里，说给自己的小孩听的话，请尽量配合绘本说这个故事。

如果你是在幼儿园或绘本馆，要说给很多孩子听的话，建议先将绘本图片扫描，或是用数码相机拍下来，然后讲故事的时候配合投影机播放，因为这个故事绘本的插画，真的很可爱。

当然，不用书讲这个故事也可以，效果一样是很棒的！只要你在说故事的时候，跟着故事的情绪走，带着孩子一同经历主角莉莉的心情——由天真转而难过，然后生气，最后不舍，孩子听完故事后，也才能感受到：爱原来是一件多么动人、温暖的事情！

如果听众是较小的孩子，故事结尾其实不需要太多的互动，让他们带着这个感动在心底就好。

而针对较大的孩子，说完这个故事之后，如果你试着让他们分享养宠物的经验，孩子们的反应一定会超乎你想象的热烈哦！

住在附近的人们，

常常听到大树下竟然传出美妙的音乐，

大家都以为是大树在唱歌，

但是，没有人知道那是……

鼹鼠的音乐

张爸爸讲故事

一只住在地底下的鼹鼠，每天只能听到自己"咚咚咚"挖土工作的声音。

有一天，它在电视上听到了一种很不一样的美妙声音，原来那是小提琴的独奏，于是鼹鼠决定邮购一把小提琴来练习。

当然，一开始练习时的声音，根本就是一场灾难！住在它巢穴上面的小鸟和兔子都被那个难听的练习声给吓到了！连小树苗都在发抖呢！

不过鼹鼠并没有因此而灰心，它每天依然认真地练习，终于有一天，小兔子有了小夜曲，鸟妈妈有了催眠歌，随着时间慢慢过去，每天听着美妙小提琴音乐的小树，也长成了大树。

住在附近的人们，常常听到大树下竟然会传出美妙的音乐，大家都以为是大树在唱歌，但是，没有人知道那是——"鼹鼠的音乐"。

好多人都来听大树唱歌，不同国家的国王和将军们也都来了，他们都爱上了这棵会唱歌的大树，每个人都贪心地想把这棵大树占为己有。最后他们决定用一种方法，来决定到底谁才是大树的主人。

这个方法，就是"战争"。

正当双方剑拔弩张，冲向大树要开战的时候，地下的鼹鼠觉得今天好奇怪，怎么上面特别吵，于是它决定多拉一首曲子，没想到美妙的小提琴旋律竟然让愤怒的战士们全部停了下来，他们都被小提琴的声音给感动了！自私和怨恨的心，瞬间也被化解了，于是双方开始握手、拥抱，甚至还跳起舞来呢！

鼹鼠忽然觉得上面一下子变得好安静！所以，它又决定再拉一首催眠曲，作为今天美好的结束。

于是，地面上的人们都靠在树上睡着了，他们终于了解到一件重要的事——美好的音乐，是属于大家的！

深爱理由

在中国台湾的绘本中，很少有音乐方面的主题，但是在国外，却有很多让人惊艳的作品。例如这本《鼹鼠的音乐》就是我非常喜欢的作品。

在这个绘本的插画里，不只运用了上下的对比概念，更在故事中点出了很多深刻的道理，比如学音乐辛勤苦练的过程、人类的自私对大自然造成的伤害，以及美好音乐的动人之处等等。所以不管大人还是小孩，听到这个故事的时候，都会有不同的启发和感动。如果你是用绘本说这个故事给孩子听，还可以一同慢慢地欣赏插图中的许多美妙细节，进行亲子间的讨论哦！

甚至，配合绘本多讲几次之后，你也会惊奇地发现：

有很多动人之处是第一次看绘本时根本没有看到，或是注意到的！

进行方式

在说这个故事的时候，请记得带领孩子一同在绘本插画中去观察一件事——上面的世界和下面世界，到底有什么不同呢？

因为这位插画家在地面上下画面处理的创意，真是太棒了！所以，如果你是讲故事志工或老师，在分享这个故事的时候，也请尽量将图片放大，投影给孩子们看（如果真的没有办法，故事本身也是很棒的）。

同时，还可以请一个会拉小提琴的孩子，或是朋友在一旁协助表演，孩子们一定会更加惊奇不已！而且，通过一边说故事，一边现场音乐表演，也可以开启他们对音乐的兴趣！

深度互动

在家里，还可以让孩子用他喜欢的乐器演奏给你听，如果家中没有"真正的乐器"也没关系，敲敲东西、模仿乐器的声音，都是很好玩的亲子互动。

　　如果是在公开场合一对多，给一群小朋友说这个故事的话，那就更好玩了！可以让孩子们表演一些他们会的乐器、唱唱歌，或是分享学音乐的心得，都是不错的方法。

　　不过请记得，千万别把有趣活泼的互动，变成比赛，那样孩子会很可怜，觉得压力很大。

鼹鼠的音乐

我知道在团体里面要尽量和别人一样。

可是和别人一样，久了也会累啊！

难道这样就行不通吗？

我只是想要有点创意啊！

想要不一样

荣获第一届丰子恺优秀儿童图画书奖

张爸爸讲故事

想要不一样的心情，大家都有过。

就像不想穿制服。

（好比别人是条纹斑马，我可是格子斑马呢！）

不想每天都做一样的功课。

（如同蜘蛛妈妈，今天想要织一个不一样图案的蜘蛛网。）

我知道在团体里面要尽量和别人一样。

（就像孔雀妈妈的羽毛，张开的时候花纹看起来像是霓虹灯。）

可是和别人一样，久了也会累啊！

（像椰子树直直地站久了腰会酸啊！可以弯腰休息一下吗？）

难道这样就行不通吗？

（就像发电的大风车可以用玩具风车代替吗？）

我只是想要有点创意啊！

（就像袋鼠也可以把书放在口袋里啊！）

偶尔顽皮一下，也很有趣！

（呵呵！向日葵可以用屁屁向着太阳吗？）

或者自得其乐一下，

（当一条边听音乐边游泳的鱼！）

或者多爱自己一点，

（穿超级盔甲骑摩托车！）

能不能就直接说出心中的感觉："我只是想要不一样！"

（可以当个挣扎半天推不倒的骨牌！）

也许真的有人敢说"我要不一样"。

（勇敢举个手！）

可惜不是我。

（但是从背后看到你的衣服上写着：我想要不一样！）

你也想要不一样吗？

深爱理由

在此要跟读者说声抱歉，这个故事张爸爸实在不知道怎么把故事的精彩完全呈现出来，只能尽量用括弧的形式来补充，因为"童嘉"这位作者的书真是太有趣了！在这本绘本中，"童嘉"用最简洁的文字，配上最幽默的图画，让每个孩子读到这个故事的时候，每一页都会大笑出来，同时又让大人们重拾偶尔想做点与众不同事情的渴望。我记得我的孩子应该看过十几次了吧！而且一段时间过后总是会想要再翻，每次再看时还是会觉得很有趣呢。

"孩子的创意很重要！"如果你也是这么想的爸爸妈妈，这本书千万别错过了！

进行方式

这本书的讲述方式简直是千变万化，但你也可以选择最简单的方式，就是让孩子在每一页的画面里，找找哪里不一样。

也可以更进一步，讲完前面几个以后，接下来让孩子猜猜看，那个动物或是东西，可以做些什么不一样的事情？

更棒的招是——你也一起加入，陪着孩子一起乱讲！呵呵！

说这个故事可是比看电视有趣多了，保证带给你和孩子一段开心的故事时光哦！

深度互动

想想看，日常生活中，有很多东西都可以变得不太一样哦！

怎么不一样呢？一起来变变看吧！

讲完故事，你还可以用上述方法，带着孩子玩一下，或是画画看、做做手工——例如做一个与众不同的怪杯子、做一只奇怪的袜子……

哈哈！你会发现孩子的创意无穷！你也可以从活动中看见孩子身上有着很多和别人不同的地方呢！

想要不一样

没想到，一打开那本书，
整个树屋就开始旋转起来，
竟然将杰克和安妮带到了恐龙时代！

神奇树屋之
勇闯恐龙谷

张爸爸讲故事

　　在美国的宾夕法尼亚州蛙溪镇，住着一对可爱的兄妹，哥哥叫"杰克"，妹妹叫"安妮"。有一天，他们到附近的公园去玩，安妮突然发现，在公园的一棵树上，有一个树屋，他们爬上去之后竟然发现，树屋里面有好多书！

首先看到的，是一本介绍蛙溪镇的书，旁边还放着很多好特别的书，有《勇闯恐龙谷》《木乃伊之谜》《雨林大惊奇》等。好奇的哥哥拿起了其中一本《勇闯恐龙谷》打了开来。

　　没想到，一打开那本书，整个树屋就开始旋转起来，竟然将杰克和安妮带到了恐龙时代！

　　原来，这个树屋真的有魔法，在里面只要你翻开其中一本书，神奇树屋就会带你进入书里面的世界！

　　突然来到了恐龙世界，杰克和安妮很紧张。他们慢慢从树上爬下来，还好先看到的是只爱吃鱼的无齿翼龙。

　　杰克和安妮从书上看过很多有关于各种恐龙的介绍，所以接下来看到三角龙和鸭嘴龙，一点都不觉得害怕。

　　因为他们知道这些恐龙其实都是吃草的，不过可不能欺负它们的小孩，不然恐龙妈妈还是会生气的！

　　突然，妹妹不见了，不知道跑到哪里去了！就在这个时候，杰克突然发现地上有一个刻着"M"字的金币，到底是谁留在这里的呢？还是先把这个金币带走好了，待会儿如果遇到别人的话，可以问问看。

　　就在杰克心里这么想的时候，不远处传来了"轰轰轰"的沉重脚步声。哎呀！一只牙齿又尖又大的恐龙慢慢地走了过来，那是可怕的暴龙！

杰克赶紧躲了起来，可还是被暴龙发现了。

正当他害怕得不知该怎么办的时候，突然传来了妹妹的声音，原来妹妹竟然跟刚刚那只无齿翼龙聊起天来了。

接着，奇怪又好玩的事情发生了！妹妹竟然骑着无齿翼龙朝着杰克飞了过来，而且让杰克也坐在无齿翼龙的身上，然后飞了起来，送兄妹俩回到了树屋里面。

可是，暴龙也跟着过来了，在树屋底下虎视眈眈呢！

"哥哥怎么办？我好想赶紧回家，回到我们宾州蛙溪镇的家！"妹妹已经吓得流出了眼泪，边哭边问哥哥说。

呵呵！别紧张，大家猜猜看，他们只要做一件事情就可以回家了！是什么事情呢？

没错！就是在树屋里面打开《宾州蛙溪镇》的书啊！

树屋一阵旋转，他们真的回到家了，妹妹和哥哥还发现他们带了一个纪念品回来了呢！大家还记得是什么东西吗？

深爱理由

神奇树屋的故事相信大家并不陌生，这可是很多孩子上小学之后几乎都会接触到的故事。

张爸爸非常喜欢这套故事系列的原因是，书里透过一对兄妹的眼睛，以及树屋的神奇旅程，可以让孩子了解不同时代、国家有哪些生物、事件及文化。每一本书都非常有趣，充满刺激、幽默和机智，让孩子爱不释手。

进行方式

这个系列的故事，建议可以让比较大的孩子自己阅读。但如果你想要讲给比较小的孩子听，请不要照着书中的文字念。

像我在讲给自己孩子听的时候，都说杰克和安妮住在"台北"，所以那本《宾州蛙溪镇》的书就变成了《台北好好玩》，这样对他们来说比较亲切。而且我还故意以妹妹的口吻，帮每只恐龙取名字，比如说"无齿翼龙"叫作当当，"三角龙"就取名叫壮壮，这样一来，会让孩子更容易进入故事的情节哦！

再来请注意，最后怎么回台北，请让孩子自己讲出答案来哦！因为这样会让他们觉得超级有成就感的。而且你会发现孩子听故事的过程中，他们可是会注意到很多大人可能没注意到的细节呢！

不管你是讲神奇树屋系列的哪一本，讲完的时候都可以和孩子讨论故事中的那个时代里面，他们知道或是不知道的很多东西，比如说：他们还知道哪些恐龙呢？这些恐龙喜欢吃些什么东西呢？你会发现孩子懂的东西，有时候竟然比你还多呢！

小锡兵有一个没人知道的秘密，

就是他喜欢上了一个可爱的玩具公主，

还常常会躲起来偷看她呢！

勇敢的小锡兵

张爸爸讲故事

　　在最冷的冬天里，小男孩从爸爸的手中接到了一盒礼物，那是一群漂亮的小锡兵。

　　在小锡兵当中，有一个竟然少了一只脚。但是可别小看他，虽然少了一只脚，他可还是一个勇敢的小锡兵呢！

　　不过这位小锡兵有一个没人知道的秘密，就是他喜欢上了一个可爱的玩具公主，还常常会躲起来偷看她呢！在玩具国里，有一个很大的整人小丑，老是想欺负玩具公主，不过小锡兵总会勇敢地挡住坏蛋，保护他最爱的公主！

有一天，小主人带着小锡兵出门去玩，没想到竟然把小锡兵掉在了水沟里面。正当小锡兵担心不已的时候，有两个小男孩做了艘小船送给他。可是小船在水沟里却走错了方向，不但没有回家，还把小锡兵给带进了黑黑的下水道里面。

在下水道里，他遇到了可怕的老鼠，于是赶紧逃啊逃，哎呀！最后小锡兵被冲进了河里，还被一只大鱼给吃到了肚子里。

好玩的是，后来大鱼竟然被渔夫钓到，还被小男孩的妈妈买回了家。

打开鱼肚子以后，妈妈可是吓了一大跳！怎么鱼肚子里会有一个小锡兵呢？可是没想到，妈妈拿起小锡兵闻了闻，以为是没有人要的玩具，就决定把他丢进火炉里烧了！

正当小锡兵绝望的时候，玩具公主竟然也飞进了火炉里面，在熊熊的烈火中，小锡兵和公主都融化了。最后，他们两个竟然融在一起，变成了一颗银色的爱心！

勇敢的小锡兵

读完安徒生的故事，真的会了解到为什么有人会说那是一种"艺术"。

小锡兵的故事就是一个很好的例子。主角小锡兵虽然少了一只脚，但他还是可以成为英雄！不只是给了自卑的人勇气，结局更是那样的美！

不过，小朋友听完故事，可能还不太能够了解其中的哲理。但是没关系，说故事的过程中，口语描述所带来的画面感，已经足以触动孩子的心灵了！尤其在这个小锡兵的旅程中，你一定会发现孩子也会跟着紧张呢。虽然结局有些悲伤，但是偶尔让孩子感动一下，也是不错的！

进行方式

在说这个故事中转折的时候，建议大家不要直接把接下来发生的事情告诉孩子！可以让他们猜猜看接下来会发生什么事、会遇到什么东西，并且帮小锡兵想想解决的方法，比如说掉在水沟里会怎样呢？进了下水道会看到什么呢？或是掉进河里又会遇到什么东西？让孩子自己去思考并说出答案，你会发现孩子的想象力真是天马行空呢！

这个故事结束之后，可以和孩子一起，让玩具在家里也来一场冒险之旅，坐着小火车去卧室，被电风扇吹到客厅，或是不小心掉进浴缸！你会发现，勇敢的不只是小锡兵呢，可能还有小鸭子或是小熊哦！哈哈！

2

图像故事篇
Tuxiang Gushipian

皇帝希望夜莺能留下来，唱歌给他一个人听，
还说要让它住在黄金做的笼子里面，
但是夜莺告诉皇帝，
它只愿意留下来一段时间，因为……

夜莺

张爸爸讲故事

很多很多年以前，在中国有一位很喜欢动物的皇帝，他在皇宫的后花园里面，养了许多特别的动物，有熊猫、金丝猴、老虎、大象等等。为了能常常欣赏到这些动物，皇帝还特别请了很多宫女来照顾它们，而且还要乐师们来演奏音乐给这些动物听。

不过皇帝并不知道，在皇宫附近的河边，住着一只

夜莺。

它的歌声非常美妙，甚至连一个忙碌的穷苦渔夫，只要一听到夜莺歌唱，都会忘记一天的辛苦。所以，大家都把夜莺当成他们最好的朋友。

当时，世界各国的旅行家，都曾陆续来到中国，他们被邀请到这位皇帝的皇宫，欣赏皇帝美丽的宫殿和花园。

只要他们听过夜莺歌唱，都会认为夜莺的歌声才是世界上最美的声音，所以这些外国旅行家回家以后，就写了很多关于中国的故事。当然，他们也不断在书里面，歌颂那只住在河边的夜莺。

后来，这些旅行家的书终于被爱看书的中国皇帝看到了。皇帝坐在他的龙椅上读了又读，不断地微笑点头，因为那些关于皇宫和花园的细致描写，使他读起来感到非常高兴。可是，有件事让皇帝觉得很奇怪，就是他竟然完全不知道书中所提到的夜莺。

于是皇帝立即召来大臣，叫他们赶快去把夜莺带回来，不然就要处罚这些大臣。

从第二天开始，大臣们只好每天一起床，就出门去找夜莺，找到黄昏的时候才敢回来，可是怎么找也找不到夜莺的踪影。

直到有一天黄昏的时候，大臣们拖着疲倦的身子，回到皇宫，他们在后花园里碰见一个常常来皇宫里面帮忙照顾动物的平民小女生。小女生觉得大臣们很奇怪，怎么每天一早就出去，黄昏才回来呢？

一问之下，她才知道大臣们原来是在找夜莺。

"哎呀，原来你们要找夜莺！它唱歌唱得好好听呢！不过夜莺都是在黄昏才出来唱歌，你们早上去黄昏就回来了，怎么找得到呢！"小女生说。

大臣们一听，才了解到自己的无知，于是赶紧请小女生带他们去找夜莺。一行人走着走着，听见一头母牛"哞哞哞"叫了起来。

一位大臣说："呀！夜莺的歌声怎么这么奇怪啊！"

"错了，这是牛的叫声！"小女生说。

接着，沼泽的青蛙开始"呱呱呱"叫了起来。

另外一位大臣说："好难听的夜莺歌声啊！"

"哎呀，又错了，这是青蛙的叫声！"小女生说："不过没关系，我想很快我们就可以听到夜莺歌唱了。"

果然没错，到了河边的他们真的听到了夜莺的歌声。

大臣们全部都停下脚步，没有办法再往前一步了，因为他们真的觉得夜莺的歌声，是世界上最美的声音了！

"小小的夜莺！"大臣们高声地喊："求求你，我们的皇上希望你到他面前去唱唱歌呢！请你一定要去，不然皇帝会处罚我们的！"

夜莺说："皇帝怎么可以这样呢！就算他是皇帝也不能这么做啊！好吧！我就帮你们的忙，而且我好像从来没有唱歌给中国的皇帝听过呢！好，走吧！"

夜莺飞到了皇宫，在皇帝的大殿中央，人们竖起了一根柱子，让夜莺站在上面唱歌。于是夜莺唱了起来！

夜莺的歌声真的太美了，皇帝听完后流下了眼泪，他想送给夜莺很多礼物，但是夜莺说："谢谢您皇帝，您不用送我礼物，因为您的眼泪就是最宝贵、最让人感动的礼物了！"

皇帝希望夜莺能留下来，唱歌给他一个人听，还说要让它住在黄金做的笼子里面，但夜莺告诉皇帝，它只愿意留下来一段时间，因为它并不是皇帝一个人的朋友，而且它喜欢自由自在的生活，不喜欢住在笼子里面。

没想到，皇帝却想出了一个残忍的办法，他要求大臣们在夜莺身上绑了一根根丝线——而且他们老是拉得很紧。

这让夜莺觉得，虽然自己不是被关在笼子里面，但这样的方式，就像被绑住的风筝一样，根本没有一点自由，于是夜莺变得郁郁寡欢。

过了不久，国外的皇帝送来一个礼物，它跟真正的夜莺长得一模一样，是一只机械夜莺，但是这只夜莺只会唱一首歌。

整个京城的人们，都在谈论着这两只夜莺，还有人争论，到底哪一只唱得比较好听，竟然还有官员写下了这两只夜莺的故事。

夜莺当然不喜欢这样的日子！所以有一天，夜莺咬断了丝线，回到它的树林去了，从此皇帝再也听不到夜莺的歌声，只好每天听机械夜莺唱歌。

有一天晚上，这只机械夜莺身体里面，忽然发出一种奇怪的声音，原来有一个零件坏了，歌声就停止了！而全中国没有人会修理这只机械夜莺。再也听不到歌声的皇帝，只好请人去找夜莺，但是夜莺当然不愿意回来。

结果，因为太思念夜莺的歌声，皇帝生病了，而且越来越严重。

有一天，这位可怜的皇帝，突然发现他的胸口上好像站着一个人，睁开眼睛一看，原来是死神！死神戴上了皇帝的金王冠，拿着他的金剑和令旗，准备带走可怜的皇帝！

就在这时，窗外突然传来那个世界上最动听的声音，没错，就是夜莺的歌声！

死神突然停了下来，对着皇帝说："这个歌声真美，我太感动了！"他甚至开始哼起歌来说："唱吧，小小的夜莺，请继续唱下去吧！"

"不过，您愿意给我那把美丽的金剑吗？您愿意给我那面华贵的令旗吗？您愿意给我那顶皇帝的王冠吗？"夜莺问道。

死神便把这些宝贵的东西，统统都交了出来，换取一首又一首夜莺的歌，于是夜莺便不停地唱下去。

日出了，死神忘了带走皇帝，甚至变成一股寒冷的白雾，消逝在窗口了。

"夜莺，谢谢你！我对你这么残忍，为什么你还要回来看我？为什么你还要回来救我呢？"皇帝说。

夜莺回答："皇帝您忘了吗？当我第一次唱歌给您听的时候，您流下了眼泪，所以您是我永远的朋友啊！"

"可是，夜莺你难道真的不能留下来每天唱歌给我一个人听吗？"

"皇帝啊！您忘了吗？我不是您一个人的朋友，我喜欢唱歌给渔夫和农民们听，我是大家的朋友！所以，对不起，我要走了，别担心！我会回来看您的，因为您也是我永远的朋友呢！"

说完夜莺就飞走了。

后来皇帝重新出现在人们面前的时候，大家发现他好像变得跟以前不太一样了。皇帝说："谢谢夜莺！它救了我，还教了我很多东西。我终于知道，美好的东西不一定是我一个人的，美好的东西也可以是大家的！"

深爱理由

要先跟大家说声抱歉，因为这个故事，是我大胆地改编了安徒生的原著，主要的目的是希望小朋友也能听得懂。不过，张爸爸大力推荐，大家一定要珍藏这本绘本。

不只是因为它的故事优美，同时也因为绘者欧尼可夫的画风，真是太美了！欧尼可夫在画这本绘本时，加入了大量的中国元素，比如风筝、梅花、史官等等。每一张图都美得可以做成明信片！

进行方式

这个故事其实比较深，如果你是要讲给年纪较小的小朋友听，请注意很多用词的调整，比如说："死神"可能就要用"魔鬼大王"来代替，但如果是针对大一点的孩子，这个故事可是非常动人的呢！如果你是说故事志工的话，一定要想办法将图像放大让孩子看到（学校的投影仪是很棒的工具），因为此绘本的图真是太美了！真的很像在看一幅一幅的国画。

深度互动

针对小学生来讲这个故事的时候，建议大家可以和孩子一同研究绘本中的一些画面，因为这个故事里面，有很多中国文化的东西，可以和小朋友研究分享。

我哪有长这样？

这套作品是张爸爸在本书中，

很特殊的一个推荐。

因为……

魔法夜光书

张爸爸讲故事

　　这套作品是张爸爸在本书中，很特殊的一个推荐。因为，这套书并没有明显的文字叙述。但它却是不可错过的一套游戏图像书！因为它以浅显的文字介绍各种太空奥秘、海洋世界以及动物生态，并利用特殊荧光效果处理了文字与图片，晚上只要一关上房间的电灯，就会出现令人惊讶的神奇发光世界哦！

这套书有六个系列，大家可以去找找看。

1.《魔法夜光书：动物历险记》

2.《魔法夜光书：动物进化战》

3.《魔法夜光书：动物狂欢会》

4.《魔法夜光书：动物争霸战》

5.《魔法夜光书：太空漫步》

6.《魔法夜光书：海洋寻宝》

深爱理由

大家应该没有听过要关灯才能说的故事吧？哈哈！这套书就是这样。张爸爸以前讲给孩子听的时候就发现，关了灯以后，孩子的反应很有趣。一切都变得神秘而且小心，真的很好玩哦！

进行方式

不过在进行方式里面，张爸爸要提醒爸爸妈妈，请注意孩子对关灯的反应！如果孩子会怕黑，可以换躲在棉被里面翻书哦，这也是很有乐趣的呢！

　　不知道大家敢不敢试试另一种互动方式，你可以试着跟孩子一起动手，看能不能让家里的房间或是一间教室，变得很黑！其实这个过程很好玩。或是借一顶帐篷来，让孩子躲进去看这套书也不错哦！

大火车说：

"大火车最厉害，走过铁桥不怕高。"

小火车说：

"在家里我走过浴室的浴缸也很高，

我也不怕呢！呵呵！"

两列小火车

张爸爸讲故事

　　大火车和玩具小火车是好朋友，可是他们最喜欢斗嘴了，有一天他们又吵架了！

　　大火车说："大火车最厉害，穿过山洞不怕黑。"

　　小火车说："在家里用一本书当山洞，穿过去我也不怕啊！呵呵！"

大火车说："大火车最厉害，走过铁桥不怕高。"

小火车说："在家里我走过浴室的浴缸也很高，我也不怕呢！呵呵！"

大火车说："大火车最厉害，不怕桥下河水哗哗哗。"

小火车说："浴缸里的玩具鸭子呱呱叫，我也不怕啊！呵呵！"

大火车说："大火车最厉害，唰唰大雨我不怕。"

小火车说："莲蓬头冲水我也不怕，还可以洗得很干净呢！呵呵！"

大火车说："大火车最厉害，通过森林快又稳。"

小火车说："在家里通过厨房里的一堆东西，我也快又稳啊！呵呵！"

大火车说："大火车最厉害，爬上高山不怕累。"

小火车说："嘿！我爬上家里的楼梯也不累啊！呵呵！"

大火车说："大火车到站可要好好休息一下啰！不跟你吵架啦！"

小火车说："小火车也要回到小主人的房间好好休息一下啰！明天再陪你吵架啦！呵呵！"

深爱理由

这是我和很多家长，以及孩子们都非常爱的一本书。文字情节虽然简单，但是插画中的趣味，却是无穷无尽！尤其当第一次大火车和小火车，在山洞对话完毕以后，接下来大家都忍不住会去猜，到底之后小火车会出现哪些好笑的答案呢？

不管猜得对不对，都会让人大笑，也会更关注家中所有的小东西呢！因此，在这个图像故事章节中介绍的插画绘本，请你赶快去把它们买回家吧！因为张爸爸在文字中，只能尽量让大家知道大概的故事内容，绘本里的图和文字搭配起来，可是更赞的呢！而且，每一次看这些绘本的时候，都会有不同的感觉，相信你和孩子都会爱不释手！

进行方式

正如前面所说，小火车的答案总是让人惊奇，因此建议你在说这个故事的时候，不要马上翻出或是说出小火车的答案，让孩子自己去猜猜看，小火车的答案会是家里的什么地方或是东西，你会惊讶地发现：

"原来小朋友比我还会猜呢！"

"怎么有时候，他们猜的还比作者想的还更有趣啊！"像我就碰过说到"森林"的时候，小朋友猜的答案，竟然是爸爸乱七八糟的桌子呢！呵呵！好像还蛮有道理的。

深度互动

在这个故事最后还可以跟孩子一起来编故事哦！比如说家里或是学校还有哪些大火车和小火车可以吵架的东西呢？如果换成大飞机和玩具小飞机呢？或是换成大摩托车和玩具摩托车呢？嘿嘿！孩子的创意可是没有框框的呢！

啊！！
我的小火车！

噗哎！

等等……
我有加装潜水系统吗？？

3

"奶奶好，我来看您了！还带了蛋糕来呢！"
小红帽说，
"可是奶奶您的耳朵怎么变这么大呀？"
"呵呵！那是为了听清楚你说的话呀，小红帽。"

小红帽

张爸爸讲故事

从前有个可爱的小女孩，因为她的奶奶送给她一顶小红帽，她很喜欢戴着这顶帽子到处去玩，于是大家都叫她"小红帽"。

有一天，妈妈对小红帽说："来，小红帽，这里有一块蛋糕，快给生病的奶奶送去，奶奶吃了这块蛋糕就会好一些。趁现在天还没有黑，赶快去吧。在路上要注意，不要随便跟陌生人讲话哦！"

小红帽答应了妈妈，还和妈妈用大拇指"盖章"，小指头拉勾呢。

奶奶住在村子外面的森林里，离小红帽家有很长的一段路。小红帽刚走进森林，就碰到了一只大野狼。

"小红帽，你好啊！这么早要到哪里去呀？"

小红帽忘了答应妈妈的话了，她就告诉大野狼说："我要到奶奶家去啊。"

"你奶奶住在哪里呀？"

"奶奶的房子就在森林的三棵大树下啊！"小红帽说。

大野狼在心中想着："嘿嘿嘿，本来只想吃小红帽，没想到还有个奶奶。好，我要把她们两个都吃掉。"于是它告诉小红帽说："小红帽，你看周围这些花多么美丽啊！你应该带一些花去送给奶奶才对啊！"

小红帽觉得很有道理，于是她赶紧拿出篮子，开始采集路上的鲜花，准备送给奶奶。

就在此时，大野狼却直接跑到奶奶家，敲了敲门。

奶奶问："是谁呀？"

"是小红帽。"大野狼回答："我给您送蛋糕来了，快开门呀。"

"你直接推门就行了，奶奶没有关门！"奶奶大声说。

大野狼一推门就冲到奶奶的床前，把奶奶吞进了肚子里。然后它穿上奶奶的衣服，戴上她的帽子，躺在床上，还拉上了窗帘，因为这样小红帽进来，就看不清楚了。

　　这时，小红帽采好了花，赶紧重新上路去奶奶家。

　　可是奶奶家的门是打开的，她觉得很奇怪，而且她一走进屋子就发现里头黑黑的，奶奶躺在床上，帽子还拉得低低的，把脸都遮住了。

　　"奶奶好，我来看您了！还带了蛋糕来呢！"小红帽说，"可是奶奶您的耳朵怎么变得这么大呀？"

　　"呵呵！那是为了听清楚你说的话呀，小红帽。"

　　"可是奶奶，您的眼睛怎么也变这么大呀？"小红帽又问。

　　"为了看清楚你呀，小红帽。"

　　"奶奶，可是您的嘴巴怎么也变这么大呀？"

　　"嘿嘿！这样才可以一口把你吃掉呀！"

　　大野狼说着就从床上跳起来，把小红帽一口吞进了肚子，可怜的小红帽和奶奶，就这样进了大野狼的肚子里面。

　　大野狼吃饱了之后，就重新躺到床上去睡觉，还发出了很大的呼噜声。

　　这时有一位猎人，刚好从奶奶的房子前面走过去，猎人心里想："奇怪，里面的老奶奶之前睡觉的声音没有这么大啊！我要进去看一下。"

他走进了房子，发现躺在那里的竟然是一只大野狼！

"你这个坏蛋，我找了你这么久，没想到在这里找到你！"于是猎人准备向大野狼开枪，可是他突然想到，奶奶应该是被大野狼吞进了肚子里面，而且应该还活着。

于是他赶紧拿出一把剪刀，动手把大野狼的肚子给打开了，救出了里面的小红帽和奶奶，然后他们赶紧跑去搬来几块大石头，塞进狼的肚子里面。

结果，大野狼醒来之后想要逃走，可是肚子里的那些石头实在太重了，它刚站起来就跌倒在地，再也爬不起来了。猎人高兴地把它绑了起来，带回家去了。

而小红帽，也学到了一课，就是不能随便跟陌生人讲话！

深爱理由

这个家喻户晓的故事，能够流传那么久，当然有它充满魅力的地方。

其实我研究过，为什么这个故事会那么受欢迎，后来发现原来是和动画片《喜羊羊与灰太狼》的结局一样——

可爱的角色永远能够化险为夷，然后大野狼总是会有好笑而且倒霉的结果。

不过，张爸爸得提醒大家一件事情，就是不要把这个故事讲得太可怕，到最后让小朋友变得太过害怕陌生人。

像我分享这个故事之后，通常会告诉小朋友说："如果你的爸爸妈妈在身边，陌生人和你打招呼，记得要有礼貌地回应哦！不过，如果爸妈不在身边的话，就不要随便跟陌生人说话了！"

这样的二分法，是我能想到最好的教育方式了。如果各位有其他更好的点子，欢迎来故事屋网站上跟大家分享！

进行方式

"亲子游戏篇"中的每个故事，都是孩子不能错过的。不过，建议大家不要故事讲完就结束了，再陪孩子一起玩一些游戏，会更加有趣。

例如说完这个故事之后，还可以跟孩子玩一下"扮演游戏"，比如妈妈躺在床上演大野狼，来一段奶奶与小红帽的对话，之后当然就要来追逐一下了！

而且，一开始一定要假装追不到！然后，在结局的地方，就让孩子躲在你的衣服里面扮演小红帽，还可以请爸爸扮演猎人救出孩子，再放其他的故事书当作石头，哇，这可是太好玩了！而且保证百玩不厌哦！

深度互动

这样熟悉的故事，如果是讲给比较小的孩子，我就建议大家深度互动的部分不需太多啦！但如果是志工的话，这个故事很适合邀请小朋友一起来演舞台剧哦！

至于针对较大的孩子，张爸爸就会学习一下外国人的做法了。不知道大家有没有看过，网上有说在国外的小学课堂上，曾经有老师和班上同学，讨论这个故事里面的问题，请小朋友一起研究。比如说：怎么可能看不出来那是大野狼。这其实是不错的教学方式，给大家参考啦！

突然，

他们看见一座可爱的小房子就在前面不远的地方。

走近房子，发现小房子竟然是用面包做成的，

屋顶盖的是蛋糕，窗户则是一层层透明的糖。

糖果屋

张爸爸讲故事

在一片大森林前，住着一个樵夫，他有两个孩子，男孩叫"小汉"，女孩叫"小蕾"。

樵夫是个善良的人，但是后来家中来了一个心地很坏的阿姨，这个阿姨对小汉和小蕾很不好。而且当时因为生活贫困，所以他们全家常常吃不饱饭。

有一天晚上，那个坏心的阿姨对樵夫说："明天一大

早，我们把孩子们带到森林里树木最茂密的地方，在那儿给他们生起一堆火，每人分一块面包，然后咱们就离开，把他们留在那儿。这样我们以后就可以不用照顾他们了！"

樵夫说："我不能这样做，我怎么能把自己的孩子扔到森林里去呢？他们很快就会被野兽吃掉的。"

可是这个坏心的阿姨吵闹不休，直到樵夫同意才罢休。"但我还是心疼可怜的孩子们呀！"樵夫叹息道。

这时，两个孩子肚子饿得还没睡着，阿姨对父亲说的话他们都听见了。小蕾伤心地哭了，对小汉哥哥说："我们会被野兽吃掉的。"

小汉说："你别担心，我会有办法。"

等爸爸和阿姨睡着后，小汉起身穿上外衣，打开房门，悄悄溜了出去。

屋外月光皎洁，房子前面白色的小石头被照得闪闪发光。小汉弯腰捡了许多小石子装进外衣口袋，然后回到床上睡觉了。

天刚亮，太阳还没出来，阿姨就把两个孩子叫醒了："快起来，我们要带你们去森林里砍柴。"她塞给每人一小块面包，说："这是你们的午饭，别提前吃了，不然就没有了。"

走着走着，小汉不断地把口袋里的小石头一个一个地扔在路上。

他们来到森林深处，父亲说："孩子们，我帮你们生一堆火，免得你们太冷。"

阿姨说："孩子们，你们躺在火边休息吧，我们去林子里砍柴，等一下就回来接你们。"

小汉和小蕾在火堆旁坐下，每人吃了一小块面包。他们坐了很久，渐渐地闭上眼睛睡着了。

当他们醒来时，天已经黑了。小蕾哭着说："现在我们怎么走出去呀！"小汉却安慰她："只要等一会儿，等月亮出来的时候，我们就能找到回家的路了。"

一轮圆月升上了夜空，小汉拉起妹妹的手，顺着闪着光亮的小石子走，那些小石头为他们指引着回家的道路，第二天一早就回到了家里。

小汉和小蕾敲敲门，阿姨看到他们时整个人吓坏了。可是父亲很高兴，因为把孩子们独自丢在森林里，他心里很难受。

不久，阿姨又想要把他们两个丢到森林去了。这次小汉又起床，想像上次那样，到外面去捡石头，可是门被阿姨锁上了，小汉出不去。不过他还是安慰妹妹："别哭，小蕾，我会想到办法的。"

第二天清早，阿姨就把孩子们从床上赶了起来，分给每人一块面包。在去森林的路上，小汉把面包在口袋里捏碎，不时地停下来，把面包屑一点一点地撒在路上。孩子们这次被带到森林里更深的地方，他们从没来过这里。

一堆大火又生起后，阿姨就离开了。小蕾把自己的面包分给小汉一半，因为小汉的面包都撒在路上了。后来兄妹俩睡着了，直到天黑也没有人来接这两个可怜的孩子。

他们一醒来，小汉安慰妹妹说："等月亮升起来时，我们就能看见我撒的面包屑了，它会给我们指引回家的路。"月亮爬上了树梢，他们动身上路，却怎么也找不到面包屑。

原来，森林里成千只飞来飞去的鸟儿，早就把面包屑都吃光了。小汉对小蕾说："我们自己去找路吧。"可是他们走了好久好久还是走不出森林，而他们的肚子已经很饿了。

突然，他们看见一座可爱的小房子就在前面不远的地方。

走近房子，发现小房子竟然是用面包做成的，屋顶盖的是蛋糕，窗户则是一层层透明的糖。

突然，房门打开了，一个老太太拄着拐杖，一瘸一拐地走了出来。

老太太说："哎哟，可爱的小朋友快进来吧，我帮你们准备了很多好吃的东西哦！"

说着，她抓起两个孩子的手，把他们领进小屋。屋里已经摆上了许多好吃的东西，有牛奶和甜甜的巧克力，还有苹果和很多饼干。吃过东西，老妇人还带他们去房间里，房间里面有两张铺着白色被单的漂亮小床，小汉和小蕾躺在上面，仿佛在天堂里一样。

然而，这个老妇人其实是一个巫婆。她为了引诱孩子们，造了这间糖果屋。一旦孩子进了她的糖果屋，就会被她煮来吃掉。这个巫婆很厉害，可她有一个弱点，就是她的眼睛很不好，看不清楚，但她却有很厉害的嗅觉，若有人来了，她马上就能察觉出来。

所以小汉和小蕾走到附近的时候，老巫婆便知道他们来了。这下子不知道老巫婆会不会把他们吃掉？

清晨，两个孩子还没醒，巫婆就起来了。她看着兄妹俩嘿嘿地笑着说："这一定是顿美好的晚餐。"于是她伸出手抓住小汉，把他拎到一个小笼子里关了起来。小汉醒来了拼命地叫救命，可是却毫无用处。

老太婆又走到小蕾的床前，把她摇醒，喊道："起来，过来帮我的忙。我要做很多好吃的东西给你哥哥吃，等他长胖了，我就要吃掉他。"

小蕾伤心地哭了，但是她只能按照凶狠的巫婆说的去做，每天为可怜的小汉做好吃的东西。

糖果屋　055

每天早上，老太婆都来到笼子边，喊道："小汉，伸出你的手来，让我摸摸你是不是长胖了。"

但是小汉很聪明，他想既然巫婆看不清楚，于是就伸出他的小指头让巫婆摸。老巫婆眼睛看不清楚，还以为这就是小汉的手呢！她生气地说："怎么还是这么瘦？那我要多给你吃一点了。"

一个月过去了，小汉还是用手指头来给巫婆摸，巫婆不耐烦了，她不想再等了。

"嘿，小蕾，"她大声喊道："快去提水，不管你哥哥是胖还是瘦，明天我都要把他煮来吃掉。"

妹妹很难过！老巫婆说："哭也没有用，什么都帮不了你。"

第二天一大早，老巫婆把可怜的小蕾带到火烧得很旺的烤炉前，叫道："你爬进去看看火是不是真的烧起来了，我们好把你哥哥放进去。"

老巫婆其实是想等小蕾进去后关上炉门，把她也烤来吃掉。

但是，小蕾很聪明，猜出来巫婆想要推她进去，于是她说："老婆婆，可是我不知道怎么才能钻进去。"

"你怎么连这个都不会呢？"巫婆骂小蕾说，"你没看见炉门开得这么大，我都可以进去了。"说完，她一瘸一拐地走过来，把头伸进炉子里。

就在这个时候，小蕾赶快用力一推，一下子把老巫婆推进了炉子，然后赶快关上了烤炉的铁门，这个可恶的老巫婆就被烧死了。

小蕾赶快去找她的哥哥，她打开了铁笼的门，喊道："哥哥，我们得救了，老巫婆死了。"门一开，小汉赶紧跑出来。兄妹两人多么高兴啊，互相抱着对方！他们再也不用害怕了。

"现在我们该回家了！"小汉说。他们走了几个小时，便对周围的林子渐渐地熟悉起来，终于他们远远地望见了父亲住的房子。

他们开始奔跑，冲进屋去，紧紧地抱住了爸爸。

樵夫自从把孩子丢在森林里后，心里面每天都很难过，所以他把那个坏心的阿姨赶走了！而且他还每天出去寻找孩子们，好在他的孩子终于回来了。

于是，他们的一切苦难就此结束，永远愉快地生活在一起了！

深爱理由

这个故事不但是经典，而且在国外不只被当成童话故事，那个留下石头线索的情节，已经被放在很多电影和电视剧中。

我非常欣赏那对兄妹面对危险的智慧，虽然真的状况发生时，没那么简单，但我发现孩子听完之后，其实是会学到不少东西的。

所以，张爸爸建议大家不要只是讲完而已，请赶快看后面的进行方式，给大家一些不一样的操作参考。

进行方式

这个故事也很适合亲子同乐，一起来玩扮演游戏，游戏之中，一定要把故事中间的部分情节演出来。

比如说：丢石头找路，这个不管在家中，或是学校都可以玩哦！面包的部分也可以操作哦！试着在家里阳台，或是放学后的教室内外，放一些面包屑，让孩子观察第二天还会剩下来吗？还是被什么动物搬走了？哈哈！超级好玩的。

当然，故事最后和巫婆的斗智，请不要忘记也可以和孩子们来演一下喔。大人可以闭起眼睛来演巫婆，让小朋友扮演哥哥，伸出手指头来让你摸，你会发现他们很紧张、很好笑呢！

在讲这个故事的时候，我通常会和小朋友讨论如果他们是这两位兄妹，除了上面讲的方法之外，还有哪些东西可以帮他们找到回家的路？此外还有哪些方法可以打败巫婆呢？你会发现现在的孩子可是很聪明的！

上次就有小朋友告诉我说，妹妹应该把糖果屋里面的东西到处乱放，让巫婆一直跌倒，这样就不用怕巫婆了！呵呵，真聪明！

七只小羊问："请问你是谁？"

大野狼想要骗小羊："我是妈妈啊。"

七只小羊回答道："你是陌生人，我妈妈的声音，很温柔很好听，而且她的脚是白色的。"

大野狼与七只小羊

张爸爸讲故事

羊妈妈要出门了！

出门前，她告诉七只小羊说："乖乖在家里玩哦！但是不要随便开门让陌生人进来。"

没想到，羊妈妈出门以后，门口传来了敲门的声音，原来是森林里面的大野狼呢！

七只小羊问："请问你是谁？"

大野狼想要骗小羊："我是妈妈啊。"

七只小羊回答道："你是陌生人，我妈妈的声音，很温柔很好听，而且她的脚是白色的。"于是大野狼赶紧买了面粉把脚涂成白色的，又喝了很多水让自己的声音变得好听，然后再次回到七只小羊的门口。

果然这次小羊们被骗了，唉！一开门大野狼就冲进了七只小羊的家中，里面的六只小羊，全都被大野狼给发现，并且吃进肚子里了，还好最小的小羊因为躲在时钟里，没有被发现而逃过了一劫。

大野狼饱餐一顿以后，就跑到水井旁边睡觉了。

这时出去买东西的羊妈妈回来了，她发现门是打开的。羊妈妈猜想可能发生了可怕的事情，她冷静地走进了房子里面，听完了唯一没有被吃掉的小小羊的叙述以后，他们决定去找大野狼并且要救出其他的小羊。

终于，他们在水井边发现大野狼正在睡觉。于是羊妈妈趁着大野狼睡得很熟的时候，偷偷地将大野狼的肚子用剪刀打开，救出了六只小羊，然后再将许多石头装进大野狼的肚子里，用针线缝起来，接着就赶紧躲了起来。

这时大野狼醒了，觉得很渴，他走到井边想要喝水，结果因为肚子里的石头太重了，一不小心，大野狼就掉进水井里去了。

从此之后，七只小羊和羊妈妈幸福地生活在一起。

深爱理由

推荐这个故事，是因为里面有孩子最爱的捉迷藏游戏，而且最后救小羊的情节，我要来和大家分享一种好玩的玩法！请大家赶快看下一个部分。

进行方式

故事中间的捉迷藏部分，可以让孩子在家里躲起来，不过请注意安全，这样可以训练孩子对家里东西的观察力。

同时最后救小羊的情节，你还可以用家里的小枕头放在自己的衣服里面让孩子来救。

呵呵！那真是太好笑了，因为小朋友会扑在你身上，真是可爱！

当然也可以增加游戏的难度，你假装在睡觉，请他们在救的过程中不能吵醒你！你还可以故意翻身增加救枕头的难度，那可是超级有趣，如果是姐弟或兄妹一起合作的话，就更好玩了呢！

大野狼与七只小羊

如果有一天，有坏人真的跑进了家里面怎么办呢？

这是一个可以和孩子一同讨论、思考的问题，也让孩子学习如何用家里的环境和东西来保护自己哦！

也许你的孩子也是"马盖先"呢！（这个马盖先是美国电视连续剧《百战天龙》的男主角，如果你不知道，可以自行上网去查哦！这个人在张爸爸年轻的时候，可是好多人的偶像呢！）

小猴子想：

"我太瘦了。如果我像大熊一样，

有那么强壮的手臂就好了。"

小猴子又想：

"我没有翅膀。如果我像老鹰一样，

有翅膀就好了。"

小猴子的梦想

小猴子在树上荡来荡去，它觉得好快乐哦！但是它荡啊荡啊，突然看到树底下出现好多动物哦，而且它发现这些动物们都好漂亮哦。

小猴子想："我太瘦了。如果我像大熊一样，有那么强壮的手臂就好了。"

小猴子又想："我没有翅膀。如果我像老鹰一样，有翅膀就好了。"

小猴子又想："我没有花纹。如果我像老虎一样，有那么漂亮的花纹就好了。"

小猴子又想："我的尾巴太细了。如果我像狐狸一样，有那么美丽的尾巴就好了。"

小猴子又想："我都没有角。如果我像鹿一样，有那么神气的角就好了。"

小猴子又想："我脖子太短了。如果我像长颈鹿有那么长的脖子就好了。"

小猴子又想："我鼻子好短哦。如果我像大象有那么长的鼻子就好了。"

"可是，可是，我这样就没有办法在树上荡来荡去了，因为我一定会卡住的。还是当自己最好，因为只有猴子才可以在树上那么自由自在地玩哦！"

深爱理由

这个故事有没有带给你很大的画面感呢！张爸爸曾经试过不用任何道具，只是用表演的，还邀请孩子一起把故事中的情节表演出来。他们可是开心得不得了。不过，这个故事用表演还不是最好玩！那可以怎么做呢？赶快来看吧。

进行方式

你可以试着请孩子在纸上画出各种动物来，然后将他们身上特殊的部位用剪刀剪开，再用胶带或是魔术贴做成可以分开和结合的状态。再次跟大家强调，能做出专业的图案固然很好；不行也用不着害怕，因为孩子的想象力，比大人丰富多了呢！然后按照故事情节，把这些部位接到小猴子的身上，随着情节的发展，最后可是会出现一只超级好笑的小猴子呢！

最后再将特殊部分还给各个动物。这样的亲子互动过程，会让你惊讶地发现——怎么半小时很快就过去了呢！

深度互动

每个人都有自己的独特之处，要学会欣赏自己！这可是孩子长大后真的要面临的课题。

所以，建议大家可以和孩子们讨论一下，说说自己的优点在哪里，自己喜欢做什么，自己最不擅长的是什么，自己最不喜欢什么。因为，这些答案都会帮助孩子了解自己，也了解别人；学会谦虚，也学会自信！

　　当然，如果孩子够大，也可以和他分享：爸爸妈妈喜欢什么、讨厌什么、什么地方好、什么地方有不足，把这些答案分享给孩子，你会发现意想不到的效果哦！

雨伞看见地上蚂蚁在搬家，对风筝说：

"嘿嘿，快要下雨了！"

风筝看见黄昏的天空红红的很漂亮，对雨伞说：

"不会下雨了，你先回家吧！"

风筝和雨伞

张爸爸讲故事

雨伞最喜欢下雨了。

风筝最不喜欢下雨了。

雨伞看见燕子和蜻蜓，飞得很低很低，对风筝说：

"嘿嘿，快要下雨了，你回家去躲起来吧！"

风筝看见天空蓝蓝的，一朵云也没有，对雨伞说："嘿嘿，不会下雨了，太阳要出来了，你回家去吧！我要去和小朋友玩了！"

雨伞看见天空的云飘了过来，而且是黑黑的云，空气也很闷，对风筝说："嘿嘿，快要下雨了，我要出来陪小朋友回家了，你躲起来吧！"

风筝看见早上有雾哦，而且雾慢慢地不见了，对雨伞说："嘿嘿，不会下雨了，我要去天上找云玩了！"

天上有打雷的声音，雨伞对风筝说："哦哦，要下雨了，你要小心哦，不要被闪电打到哦！"

风筝看见晚上的星星亮亮的，对雨伞说："哈哈，明天会是好天气，我又可以出去玩了！"

雨伞看见地上蚂蚁在搬家，对风筝说："嘿嘿，快要下雨了！"

风筝看见黄昏的天空红红的很漂亮，对雨伞说："不会下雨了，你先回家吧！"

哇！天空的云，边上都毛毛的，天空变得红红的！

风筝和雨伞一起说："哦哦，这样我们两个都要回家。因为……明天可能会刮台风。这样的天气，我们都回家休息吧。"

大自然的故事，一直是很适合跟小朋友分享的。这个故事用了一种小朋友的语言来表现。而且，张爸爸很早就发现，小朋友对故事中主角之间斗嘴的情节，都会觉得很好玩。所以，你也可以试试看。同时，这个故事的结尾，可是会让孩子和大人都恍然大悟会心一笑的呢。

进行方式

请爸妈或故事志工将故事中的两位主角：风筝和雨伞做出来吧。可以用厚纸板或是一般的色纸来做。好玩的地方是，你可以告诉孩子，今天故事的主角我们要自己来做。然后，拿出几张大的图画纸或是学校的黑板或白板就更好了！请孩子随着故事的情节，将风筝与雨伞对话中的天气和情况画出来。哇！保证好玩。而且，请大家要注意，下次走到外面去，如果孩子告诉你明天天气会怎样，别吓一大跳！因为，你真的会发现孩子的学习及记忆能力有多厉害呢！

这个故事的深度互动大概是这本书里面最麻烦之处了！建议大家把孩子画出来的图，放在车上或是放在教室的后方。请记得这件事情，因为可以搭配天气的变化，拿出来给小朋友对照看看！那可是非常有趣的体验课程哦！

风筝和雨伞

阿香拿了一张椅子给虎姑婆请它坐下来。

但是虎姑婆说：

"不用不用！姑婆屁股痛，坐在水缸上比较舒服。"

虎姑婆爆笑版

张爸爸讲故事

很久很久以前，在一座很高的山上，住着一只老虎精。它是一个妖怪！最喜欢吃小孩子了。有一天，老虎精到了山下，又想找小朋友吃。于是它偷偷地溜进了一个村庄里面，看到有一家的大门刚好打开来，一个妈妈拿着菜篮正要出去，老虎精赶紧偷偷躲到旁边的栏杆后面偷听。

妈妈说："阿香，还有阿旺，你们两个要乖乖地在家里哦！妈妈要去亲戚家，好几天才会回来，等一下姑婆会来。只可以让姑婆进来，如果有陌生人来敲门，不可以让他们进来。"

阿香和阿旺点点头，听话地把门给关了起来。老虎精听到了妈妈的话，于是，它念了个咒语把自己变成一个老婆婆的模样。过了一会儿就去敲门说："小朋友快来开门，我是姑婆啊！"

阿香和阿旺以为是姑婆来了，就开门让虎姑婆进来。可是虎姑婆进来以后，阿香觉得虎姑婆看起来怪怪的，就问虎姑婆说：

"姑婆姑婆，您为什么全身都是毛啊？"

"因为姑婆年纪大了，所以才会长很多毛啊！"

"姑婆姑婆，您为什么牙齿那么尖呢？"

"因为姑婆老了，牙齿要磨尖一点才可以吃东西啊！"

接下来，阿香拿了一张椅子给虎姑婆请它坐下来。但是虎姑婆说："不用不用！姑婆屁股痛，坐在水缸上比较舒服。"

哈哈！小朋友你们知道为什么虎姑婆要坐在水缸上吗？因为虎姑婆的尾巴很长呀！

过了一会儿，虎姑婆说："阿香、阿旺，现在很晚了，我们一起去睡觉吧。阿香你自己睡一张床，阿旺还小，所以姑婆我陪阿旺睡觉。"

可是睡到半夜的时候，阿香突然听到一个声音，原来是姑婆在打嗝的声音，她偷偷看了一下，阿旺怎么不见了！虎姑婆走了过来，变回了老虎的样子！

阿香想赶快逃，可是一下子就被老虎精给抓住了！老虎精说："嘿嘿！别想逃，你的弟弟已经被我吃掉了，等一下再来吃你。"

阿香好害怕呢！可是，她得赶快想出一个办法才行，怎么办呢？

突然，阿香想到了！她跟虎姑婆说："老虎精！可是我现在好想尿尿哦！你让我先去尿尿，不然等一下我如果吓得尿尿了，那你吃起来就会很臭！"

老虎精说："嗯！你讲得也有道理。好吧！但是我要用绳子把你绑起来，这样你才不会逃走！"于是老虎精拿出了绳子把阿香给绑了起来，然后一只手握着绳子。

阿香走到了屋子外面，赶快把绳子解开，绑在一根厕所的柱子上。然后，赶快躲到一棵大树上。过了很久阿香都没有回来，老虎精拉了拉绳子，发现怎么绳子都拉不动，于是顺着绳子去找，才发现阿香不见了！老虎精生气了大声地喊："阿香、阿香，你别高兴得太早，明天晚上我再回来吃你！"

阿香等老虎精走远了才敢下来，可是她不知道要怎么办才好，只好坐在路边哭了起来。

就在这个时候，一个卖东西的叔叔走了过来，听完阿香的遭遇之后，那个叔叔说：

"阿香，叔叔因为有事情没办法陪你，但是叔叔给你一包针！你把它插在你们家的门上，这样老虎精来敲门的时候，因为晚上看不清楚，一定会受伤的，就没办法欺负你了。"

阿香向叔叔说了声谢谢！

这时候，又有一个推着推车的阿伯走了过来。听完阿香的遭遇之后，那个阿伯说：

"阿香，阿伯因为有事情没办法陪你，但是阿伯给你一块大石头。你把它摆在你们家的门上，这样老虎精如果跑进来，一定会被砸到受伤的，就没办法欺负你了。"

阿香向阿伯说了声谢谢。

这时候，又有一个卖绿豆汤的老公公走了过来。听完阿香的遭遇之后，那个老公公说：

"阿香，老公公因为有事情没办法陪你，但是我给你一包绿豆，你把它撒在你们家的地上，这样老虎精如果跑进来，一定会滑倒受伤的，就没办法欺负你了。"

阿香向老公公说了声谢谢。

阿香拿着大家给她的东西回到家。她决定鼓起勇气对付那只老虎精！于是阿香把针插在大门上，把绿豆撒在地上，把大石头放在厨房的门上面。准备好以后，阿香躲在厨房里，就等老虎精来。

果然，没过多久，老虎精来了！它大声地喊："阿香你赶快出来！我要把你吃掉！"

阿香也大声地在厨房里面说："我才不要呢！你想吃我自己想办法进来啊！"

于是老虎精后退了几步决定把门给撞开。结果，"啊啊啊！"老虎精撞到门以后，门确实被撞开了，但是它也痛得在地上直打滚！因为老虎精被针扎得好痛啊，全身都受了伤。

老虎精很生气地冲了进去，结果踩到了满地的绿豆，根本就站不住，东撞了一下桌子，西撞了一下椅子，然后跌了个四脚朝天。头撞到了地板，腰也扭伤了！老虎精生气地站起来，一瘸一拐地找阿香在哪里，阿香站在厨房门的后面透过门缝对着老虎精做鬼脸呢！

老虎精用力地去推厨房的门，阿香赶快后退。哈哈，厨房的门一被撞开，门上的大石头就掉了下来，砸到了老虎精的头，老虎精就被打昏了。阿香赶快跑出去找邻居们来帮忙，大家赶快把老虎给绑起来，然后打开它的肚子把弟弟给救了出来。这时妈妈也回来了，大家都觉得阿香真的很勇敢、很聪明。

深爱理由

虎姑婆可以说是台湾民间传说里面家喻户晓的故事。而且应该也是最让小孩害怕的故事吧！不过，张爸爸建议大家不要把情节说得太恐怖了，这样会让孩子真的被吓到。所以，张爸爸特别做了一些改编，让它变得更好笑，也让孩子更容易跟说故事的你互动。所以，请别担心，一起来玩这个故事吧！

进行方式

其实像这样情节的故事国内外都有。不过，张爸爸曾经在家里和孩子玩过一种游戏，就是把故事情节演出来。但是针的部分因为太危险，当然不能操作。绿豆和大石头却可以和小朋友玩一下扮演的游戏。买一些绿豆（你应该知道是没煮过的吧？因为当年我儿子竟然问我要不要先煮成绿豆汤再撒，害我笑到摔倒呢！）真的让孩子踩踩看。

不过当时我们就发现，人类的脚是不会因为绿豆滑倒的！猜想可能是老虎的脚和人类不一样吧。哈哈！总不可能牵一只老虎回来试试吧！

至于大石头，那可就好玩了！我们是将一个礼拜的报纸捏啊捏、捏啊捏，加上胶带，真的做了一块大石头出来！然后把它放在门上，玩起角色扮演的游戏。哈哈！我儿子可是笑到不行！只是可怜我这个老爸，因为应观众要求，大概演了八九遍……

深度互动

到底家里面有哪些东西，可以拿来打败坏人呢？这个故事的深度延伸，就建议大家和孩子讨论一下吧。其实在这样的发现过程里面，也会让孩子了解很多东西的危险性呢！

4

年节故事篇
Nianjie Gushipian

许仙回家之后，趁着白娘子和小青睡着的时候，
偷偷地拿出了有魔法的大碗，
把白娘子和小青罩在碗中，
她们马上便现出了原形。

端午节之白蛇传

张爸爸讲故事

很久很久以前，有一位卖药的年轻人名叫许仙。有一天他去西湖边散步的时候，遇见了两位很美的姑娘，不过当时许仙并不知道关于她们二人的秘密。

其中一个穿白衣服的女孩子，叫作白娘子，她是一条

白蛇变成的。另一个穿青色衣服的，叫作小青，她则是一条青蛇变成的。

湖边突然下起了大雨，许仙很好心地为她们撑伞，于是三个人共用一把伞，一同在船上避雨。下船后许仙把雨伞借给白娘子，两个人因为这件事情，变成了好朋友，最后他们还结婚了。

结婚以后，在端午节的那一天，许仙拿出雄黄酒给白娘子喝，结果白娘子喝了酒以后就睡着了。但是蛇是怕雄黄酒的，结果白娘子因为受不了雄黄酒的刺激，变回了原来蛇的样子，许仙回家撞见自己的妻子竟是蛇精，差点被吓死！他一时以为白娘子是要害他，于是赶紧去找当时一个法力高强的和尚"法海"帮忙。法海和尚把一个很大的碗拿给许仙，教许仙把这个碗罩在白蛇的头上，就可以收服那条白蛇了。

许仙回家之后，趁着白娘子和小青睡着的时候，偷偷地拿出了有魔法的大碗，把白娘子和小青罩在碗中，她们马上便现出了原形。

白娘子虽然变成了蛇的样子，但是她在大碗里哭着对许仙说："许仙啊！我虽然是蛇变的，但是我并没有害你啊！而且我现在肚子里面已经有了我们的小宝贝了！"

许仙想了一想，对啊！其实白娘子和小青从来都没有害过他啊！于是他决定将她们放出来，还将大碗拿去还给了法海。

可是法海决定把许仙关起来，因为他认为白娘子是坏人，不想让他们团聚。白娘子为了救回许仙，和小青一起跟法海斗法，把西湖的水引来，淹没了法海住的金山寺。

但是白娘子已经怀孕了，所以她没有办法施出所有的法力，最后，因为体力不支，被法海打败了，还被压在雷峰塔下。

小青逃走后跑到了山上去修炼，等再次回到金山寺，最后斗赢了法海。法海无处可逃，身穿黄色的僧衣，逃进了螃蟹的肚子里，于是许仙夫妇终于能团圆了。

听说这也是为什么螃蟹的肚子里面，会有黄色的原因哦！

人们也因为这个故事，在端午节那天就会喝雄黄酒。

深爱理由

白蛇传这个故事，怎么可以不说给孩子们听呢！记得之前张爸爸带一家大小去杭州玩的时候，到了西湖还再说了一次这个故事呢！孩子们听得眼睛睁得大大的，而且当我说到白娘子把西湖的水，变成大浪施法的片段，他们觉得真是不可思议呢！而且旁边刚好就是雷峰塔，更是增加了故事的现场感，哈哈！

进行方式

年节故事有趣的地方，就是配合节庆来说，那会很有感觉。虽然端午节这样的节日，在台湾好像越来越没有节日气氛了，不过在炎热的夜晚，建议你吃完粽子之后，可以和孩子到外面的广场，说这个故事给他们听。

对于说故事的志工们，建议可以试试组织个活动，大家带粽子一起到户外，说这个故事，保证你会发现自己真是很像古时候的说书人，记得手上再拿把扇子，更能增加乐趣哦！

深度互动

你可以和孩子一起来查资料，找找看端午节其他习俗的由来。比如说：为什么要插艾草？或是吃粽子？这些都有故事的呢！小朋友找到以后，再跟爸爸妈妈或是同学一起分享，也是很棒的延伸活动。

猫咪开了门"喵"地大叫了一声！

因为小老鼠花花和拉拉打扮得真是太可怕了！

于是猫咪赶快给了老鼠好多好多猫形状的糖果，

花花和拉拉得意地转头回去了。

万圣节之吓人大王

张爸爸讲故事

　　一年一度的万圣节又到了，街上好热闹啊！住在猎人家里的小老鼠花花和拉拉，也在布置它们自己的家，但是花花和拉拉希望今年的万圣节，可以有一些不一样的地方，希望不只是穿着魔鬼的衣服和戴上可怕的面具去要糖果而已。终于，花花想到了一个好好玩的主意。它跟拉拉说："拉拉，今年的万圣节，我们去吓每次都欺负我们的猫咪好不好啊？"拉拉说："可是你不怕猫咪把我们吃掉吗？"

花花说："嘿嘿！别担心，我们只要装扮得很可怕，搞不好，猫咪还会被我们吓一跳呢！"拉拉说："好呀，这样好像很好玩呢！"于是它们把自己打扮得十分可怕走到了猫咪的家门前，敲了敲门，大声地唱起万圣节的歌："不给糖就捣蛋，我的脚丫给你看！"

猫咪开了门"喵"地大叫了一声！因为小老鼠花花和拉拉打扮得真是太可怕了！于是猫咪赶快给了老鼠好多好多猫形的糖果，花花和拉拉得意地转头回去了。

可是猫咪突然看到了老鼠的尾巴，猫咪很生气！竟然被两只老鼠给吓了。于是猫咪心想："那我也要去吓人。有了！每次隔壁那只大狗都叫得很大声，把我吓死了！看我的厉害，我要把自己打扮得很可怕去吓他。"

于是，猫咪把自己打扮得特别可怕！走到了大狗家的门口，敲了敲门，大声地唱起万圣节的歌："不给糖就捣蛋，我的脚丫给你看！"

大狗开了门"汪"地大叫了一声，因为猫咪打扮得真是太可怕了！于是大狗赶快给了猫咪好多好多的狗形糖果，猫咪得意地转头回去了。

可是大狗突然看到了猫咪的尾巴，大狗很生气！竟然被它最讨厌的猫咪给吓了。于是大狗心想："那我也要去吓人。有了！每次山上那只大野狼都故意来吃主人的羊，我很讨厌它！看我的厉害，我要把自己打扮得很可怕去吓它！"

于是，大狗把自己打扮得很可怕，走到了山上大野狼住的山洞门口敲了敲门，大声地唱起万圣节的歌："不给糖就捣蛋，我的脚丫给你看！"

大野狼开了门"啊呜"地大叫了一声，因为大狗打扮得真是太可怕了！于是大野狼赶快给了大狗好多好多的野狼形糖果，大狗得意地转头回去了。

可是大野狼突然看到了大狗的尾巴，大野狼很生气！竟然被那只大狗给吓了，于是大野狼心想："那我也要去吓一个人。有了！每次都会有一个猎人来山上，我上次差点就被他的箭射中。哈哈，我要把自己打扮得很可怕去吓他。"

于是，大野狼把自己打扮得很可怕，走到山下猎人住的地方敲了敲门，大声地唱起万圣节的歌："不给糖就捣蛋，我的脚丫给你看！"

猎人开了门"啊"地大叫了一声，因为大野狼打扮得真是太可怕了！于是猎人赶快给了大野狼好多好多的人形糖果，大野狼得意地转头回去了。

可是猎人突然看到大野狼的尾巴，猎人很生气！竟然被那只大野狼给吓了。于是猎人心想："那我也要去吓人。有了，每次我们家住的那两只老鼠跑出来都会把我吓一大跳。说起来真丢脸，可是，我就最怕老鼠了！哼！我要把自己打扮得很可怕去吓这两只老鼠。"

于是，猎人把自己打扮得很可怕！他弯下腰来，到老鼠的小洞前面敲了敲门，大声地唱起万圣节的歌："不给糖就捣蛋，我的脚丫给你看！"

花花和拉拉正在开心地聊天，一开门"吱"地大叫一声！因为人类猎人打扮得真是太可怕了，于是老鼠赶快给了猎人好多好多老鼠形的糖果，猎人开心地睡觉去了。

花花和拉拉看着离开的猎人，摸着自己的头说："呵呵，怎么自己也被吓到了呢！真是太好笑了吧！不过，万圣节吓人真好玩呢！"

深爱理由

这个故事是张爸爸第一次为万圣节这样的西方节日，所撰写的故事。

当初在故事屋里面讲的时候，每次只要到了唱歌的时候，哇，整个房间的孩子都会大声跟我一起合唱："不给糖就捣蛋，"然后再把脚抬起来大声说："我的脚丫给你看！"真是太可爱了！后来听爸爸妈妈跟我说，他们回到家竟然一路上还在唱呢！所以，万圣节的时候，请你也把这个好玩又好笑的故事，和孩子分享吧！

🐰 进行方式

这个故事的重点，当然是万圣节的吓人歌。所以，一定要记得邀请孩子跟着故事中的主角一起唱，也建议大家，可以请孩子扮演各种动物吓人，或是请他们自己做道具来吓人。如果正好是万圣节那一天，就可以出去大游行呢！如果你是说故事志工，可以和附近的店家先讲好，让孩子感受万圣节的要糖乐趣！

🐰 深度互动

和端午节一样，我也建议大家去找关于万圣节习俗的故事，因为万圣节还有其他有趣的习俗故事，等着大家去找答案，像是为什么要打扮得很可怕？还有很多国家万圣节的习俗也不一样。当孩子找出答案，和父母或班上同学分享的时候，会很有成就感呢！

明信片的正面，

是圣诞老公公躺在床上擤鼻涕的照片，

看起来好像是生病了。

后面写着……

圣诞节之
圣诞小公公

张爸爸讲故事

开始下雪了，一年一度的圣诞节快到了。

羽欣很喜欢圣诞节，因为每到圣诞节，她都可以收到圣诞老公公送给她的圣诞礼物。所以像往年一样，在圣诞夜里她很早很早就赶快爬上床，因为羽欣知道，只要一到晚上，圣诞老公公会在她睡着的时候跑来！

可是，突然从好高好高的天上，跟着白白的雪，掉下来一张一张的明信片。她把明信片拿起来看，才发现原来是圣诞老公公寄给所有小朋友的一封信。

明信片的正面，是圣诞老公公躺在床上擤鼻涕的照片，看起来好像是生病了。后面写着：

"亲爱的小朋友们，对不起！圣诞老公公我生病了，所以，今天我想邀请五个小朋友来帮我的忙，送礼物给全世界的小朋友。想帮忙的小朋友请念下面这个咒语：'圣诞圣诞！圣诞快乐！'"

羽欣看到圣诞老公公生病了，觉得很难过。她决定要帮圣诞老公公的忙，于是她对着下雪的天上大喊："圣诞圣诞！圣诞快乐！"

突然，羽欣的身体轻飘飘地飞了起来，而且越飞越快！越飞越快！穿过了覆盖白雪的大地，过了好久好久，身体轻飘飘地往下降落。

羽欣看到前面有一栋很可爱的房子。敲了敲门，里面传来了一个老公公的声音："咳咳咳，请进请进。"她一进去就发现，那儿已经有其他四个来自各个国家的小朋友，加上羽欣总共有五个人了。

圣诞老公公躺在床上戴着口罩，他咳了几声，对着小朋友们说："谢谢你们来圣诞老公公的家里，我生病了，可不可以请你们帮忙去送礼物给小朋友们？"

羽欣和其他的小朋友们都开心地说："好啊好啊，没问题。"

圣诞老公公说："那么，现在要请你们帮我去做几件事。"

"第一件事：请一个小朋友去帮我，把所有的礼物，都装到大袋子里面。"

"第二件事：请一个小朋友帮我，把圣诞老公公的衣服改小一点，给等一下负责送礼物的人穿。"

"第三件事：请一个小朋友帮我，把一年都没有用的雪橇，擦干净准备好。"

"第四件事：请一个小朋友帮我，把驯鹿给喂饱，因为他们等一下会很辛苦的。"

四个小朋友开心地答应了圣诞老公公，一起去做准备工作了。

羽欣在旁边看着忙碌的大家，有点害羞地问圣诞老公公说："老公公，请问我要做什么呢？"

老公公摸摸羽欣的头说："呵呵，别紧张，今年老公公生病了。所以，你要来当圣诞'小公公'！"

哇！原来是这样，太开心了！赶快开始帮忙吧。

一个小朋友把所有的礼物都装到大袋子里面，另外一个小朋友把圣诞老公公的衣服改得又小又可爱。一个小朋友把驯鹿给喂得饱饱的，另外一个小朋友把雪橇给整理得干干净净。

等到所有的东西都准备好了以后，羽欣向着圣诞老公公和其他小朋友说："圣诞老公公和大家放心吧！请你们帮忙照顾圣诞老公公，我会加油的！"

羽欣穿起了圣诞老公公的衣服，哈哈！看起来还是很大！她站上了雪橇，对着驯鹿们说："走吧，出发了！"驯鹿飞上了夜晚的天空，圣诞老公公赶紧拿出了照相机帮羽欣照相！其他小朋友则在雪地的屋子前，和羽欣挥手说再见！

这真是一个忙碌的晚上，羽欣驾着雪橇，飞遍了全世界每个地方，爬进了每个小朋友家的窗户和烟囱。趁着小朋友睡着的时候，送给了他们每人一个很棒的礼物，也喝了小朋友们为她准备的牛奶！还有一个小朋友不小心看到了羽欣，他揉揉眼睛说："嗯，奇怪！今年的圣诞老公公怎么变小了？"

哈哈！害得羽欣赶快爬上烟囱，驾着雪橇逃走了，因为圣诞老公公可是不能被看到的呢！

终于送完了所有的礼物，羽欣就快要回到圣诞老公公的家时，她突然想起来，礼物全部都送完了，那么她今年不就没有礼物了吗？真是有点难过，但是想到小朋友们明天都会很开心，她也跟着开心了起来。

总算到了圣诞老公公家，一推门进去，圣诞老公公和其他的小朋友大声地对她说："谢谢羽欣，圣诞快乐！"在圣诞老公公的家里，准备了丰盛的圣诞大餐，而且每个人的手上都有圣诞老公公为大家准备的额外礼物呢！

突然大家拿出了一张好大的照片，那是羽欣驾着雪橇出发的时候，圣诞老公公帮她拍的相片。羽欣十分开心，照片里面的她好神气！这真是最棒的圣诞礼物了。于是她用力地亲了圣诞老公公一下，大声地对着大家说："谢谢你们，圣诞超级快乐！"

深爱理由

这个故事，是张爸爸当年为了女儿，所写的一个圣诞节故事，所以里面主角的名字，就是我女儿的名字，这可是让她非常得意！（还有另一个故事则是为了儿子写的，如果有机会再和大家分享。）而且，在这个绘本当中最后还做了一个飞翔的圣诞小公公相框，放进了她的照片。呵呵！她觉得自己真的变成了圣诞小公公呢！

请你也告诉孩子，这个故事是为他写的吧！相信他们一定会很开心。做法很简单，就是将主角的名字，换成你的宝贝的名字。如果你是故事志工，就换上一个最容易被忽视的孩子的名字吧！

"奇怪，为什么故事主角的名字会跟我一样？"

小朋友一定会这样问你，就假装不知道吧！然后别忘了，在故事进行中，和孩子一起来演故事里的小朋友为圣诞老公公所做的事情以及动作，相信小朋友一定会玩得很开心！

深度互动

故事中，因为生病没办法亲自送礼物的圣诞老公公，到底请五位小朋友做了哪些事情呢？请带着孩子们，将这些一一完成吧！可以在家里或是教室里面，布置一个圣诞袋子，然后请小朋友带礼物来放进去，接下来做出雪橇（可以用椅子来做），然后换孩子来扮演圣诞小公公，发礼物给爸爸妈妈。

　　而且请班上的小朋友们记得照相，这样会非常有圣诞节气氛哦！

那个改衣服的同学……
请你过来一下好吗？

除夕夜又到了，村长领着老老少少上山避难去了，

只有一个老婆婆，

因为唯一的儿子之前被年兽吃了，

一个人既孤单又难过，所以无论如何也不肯走。

过年
之年的由来

张爸爸讲故事

古时候，"年"其实是一种很可怕的独角怪兽。

它很怕热又爱睡觉，平时住在深深的海底，一睡就是一年，直到过年的前一天，它才醒过来，从海里爬到陆地上来找东西吃。只要年兽一出现，凡是人啊、动物啊，只要被它看见，全都会被吃得精光，因为它已经好久没吃东西了，饿得发慌。所以人们对年兽害怕极了，每到冬天，

就开始准备食物，好在年兽上岸前躲到山上去避难。

这一年，除夕夜又到了，村长领着老老少少上山避难去了，只有一个老婆婆，因为唯一的儿子之前被年兽吃了，一个人既孤单又难过，所以无论如何也不肯走，村民们因为要赶紧上山躲年兽，也没办法帮她。

但是当天晚上有一个老神仙到了那个村子里，老婆婆觉得很奇怪，她赶紧让老神仙躲到她家里，还热心地请他吃水饺。等他吃饱后，开心的神仙教了婆婆一个打败年兽的方法。他要婆婆在两扇门上贴上红纸，再给自己身上裹上一块红布，并在院子烧起一堆竹子来，"噼里啪啦""噼里啪啦"地响着！

天已全黑了，年兽上岸了，正到处找人吃，可是它听到村子里传来很奇怪的声音，像刀子一样地刺进它的耳朵里，使它觉得很不舒服。当它望见老婆婆住的房子时，一大片红光就像千万根针一样，狠狠地刺进它的双眼。好疼啊！它赶忙闭上眼睛逃走了。原来年兽最怕的就是嘈杂声和红色。

据说从此以后，人们就把年兽逃走的那天叫"过年"。当时赶走年兽的各种办法演变到今天，烧竹子变成放鞭炮，门上的红纸成为写着吉祥字句的春联。此外，人们也喜欢在过年时穿红色的新衣服。可是，大家都忘了这些原先都是为了防备年兽来吃人的呢！

深爱理由

有时候真的觉得，全世界最会说故事的就是中国人了！因为中国人真是太擅长把习俗和神话完美地结合在一起，这个故事就是一个很好的例子。

当张爸爸第一次听完这个故事之后，每次到了过年，在穿衣服、贴春联或是放鞭炮的时候，都会有全新的感觉，更不用说孩子听完这个故事，内心扬起的新鲜、有趣的感觉了！

所以，到了过年，在吃年夜饭或是在发红包时，千万要记得跟孩子分享这个故事哦！

进行方式

建议在说这个故事前，尽量用各种方法，做出个年兽来吧！用画的、用气球，或是买个很丑的布偶都可以，然后到了故事的最后，让它出场，再请孩子用身上、家里面或是教室里面的"红色"的东西，来打败年兽。呵呵！

他们可真是什么东西都可以变出来！之前有小朋友伸

舌头（因为舌头是红色的），或是竟然拉下裤子露出红色的小内裤，害张爸爸笑到肚子痛，真是太好玩了！

深度互动

这个故事很适合在过年前讲哦！大家可以跟孩子一起来制作春联或是鞭炮等来布置家里及教室。对孩子来说，这样才有过年的气氛。至于那些东西怎么做，上网都可以找到资料的，别偷懒哦！

一眨眼，大水牛也到了，得到第二名。

不过它一直对老鼠"哞，哞"地叫，

一副很不高兴的样子。

过年之十二生肖

张爸爸讲故事

　　相传在上古时代，人们都不晓得计算年月的方法，于是就去请玉皇大帝帮忙。玉皇大帝觉得动物和人们关系最密切，如果用十二种动物来做年份的名字，人们一定最容易记得。

　　不过，地上的动物这么多，要如何选出十二种动物来呢？于是玉皇大帝决定举行一次动物渡河比赛，最先到达终点的十二种动物就被选出来，名列十二生肖。

当比赛的消息公布之后，所有的动物都纷纷讨论起来，希望能赢得这场比赛。

那时候，猫和老鼠是最要好的朋友，它们吃在一起，睡在一起，亲热得形影不离。

老鼠说："我很想跑在前头，列名十二生肖中，可是我身子又小，又不大会游泳，怎么办呢？"

猫说："既然我们身子小，跑不快，就应该早点出发。我知道水牛平常天还没亮就起床了。不然，比赛那一天，我们请水牛叫醒我们，然后载我们过河，也许这样我们就可以跑在前面了。"

老鼠拍手跳起来说："吱吱，好极了，就这样办！"

到了玉皇大帝生日那天，天还没亮，和善的水牛就来把老鼠和猫叫醒了，水牛笑眯眯地说："看你们迷迷糊糊的样子，不如爬到我背上来，我载你们一块儿走吧！"

老鼠和猫就蜷伏在温暖又宽大的牛背上，舒舒服服地又睡了一觉。当它们醒过来的时候，天才刚刚亮，却已经到河边了。猫儿在牛背上伸了一个大大的懒腰，高兴地说："过了河，马上就是目的地了。看来，我们三个是跑在最前面啦。"

"是啊，你出的主意真好。"老鼠嘴上这么说，心里却在想着："跑在前面是不错，不过，要怎么才能跑在水牛和猫前面，得到第一名呢？"自私又狡猾的老鼠，想出了一个坏主意。

当水牛游到河中央的时候，老鼠假心假意地靠近猫，亲亲热热地说："猫啊，我们就快到河边了，你看看，四周的风景多美啊！""真的，好美哦！"猫果真四处张望。就在这个时候，老鼠狠心地用力一推，猫没有坐稳，"扑通"就摔到河里了。

大水牛发现背上的重量减轻了，回头一看，却发现许多动物都在陆续过河，它便赶紧加快速度，没有注意猫掉到水里，而狡猾的老鼠早已经偷偷钻入大水牛的耳朵里去了。大水牛很快过河了。眼看就要得到第一名，心里正高兴着。突然，从它的耳朵里跳出一团黑黑的东西。大水牛愣住了，停下脚步，仔细一看。"啊，原来是老鼠。"老鼠却一溜烟地往前跑。

等大水牛看明白了，老鼠早就跑到了终点，得到第一名。玉皇大帝看老鼠最先到达，感到奇怪，便问："老鼠，你不会游泳，又跑不快，怎么会最先到达呢？"

老鼠得意扬扬地回答说："我虽小，可是头脑聪明，当然得第一啰！"玉皇大帝听了不以为然地摇摇头。

一眨眼，大水牛也到了，得到第二名。不过它一直对老鼠"哞，哞"地叫，一副很不高兴的样子。不一会儿，老虎一身湿淋淋地跑过来，很有自信地吼："我是第一名吧？""不，我才是第一。"老鼠很不客气地回答，于是老虎和老鼠就吵起架来。

突然一只蹦蹦跳跳的小兔子，飞快地跑到玉皇大帝前，得到第四名。

原来，兔子不会游泳，也是踏在别的动物身上跳过河的。

而龙呢？它会飞，应该最早到的啊！玉皇大帝便好奇地问它为什么会晚到。"我本来可以很早到的，可是我到东边去降了一场雨才赶来，所以就耽误了时间。"龙是天上专门负责降雨的动物，它很认真地回答玉皇大帝。

不一会儿，大家听到一阵嘈杂的声音，隐约中看到马、羊、猴、鸡和狗拼命地跑着。马跑在最前面，眼看就快要达到终点了。

突然，它听到一个声音。"我来了，我先到。"草丛里钻出一条大蛇。大蛇来了引起一阵混乱，老鼠和兔子害怕得躲起来。大蛇平常最喜欢吃老鼠和兔子，今天却很有礼貌地说："今天我是特地来参加动物渡河比赛的，放心吧，我不会吃你们的。"

"嘶——"马一到就高兴地乱叫。"我得第几名？""第七名啊！算你运气不错。"老鼠抢着回答。

不久，老山羊、猴子和大公鸡分别到了。"哎，你们三个怎么会一起来啊？"老鼠问。老山羊慢吞吞地说："我们在河边捡到一块木头，坐在上面，互相帮忙过河的。"

"汪，汪，汪！"调皮的狗也来了。其实它早该到了，因为贪玩，在河里洗澡，耽误了时间，最后只得到第十一名。

比赛快要结束了，已经到达的动物，都想看最后一名是谁。大家伸长了脖子四处张望。过了好一会儿，听到猪叫的声音。奇怪，平日最懒的猪怎么也来了？

"是不是有好吃的东西啊？"猪喘着气问，哎呀，原来猪只是来找东西吃。大家听了，都捧着肚子哈哈大笑，说道："真是一个贪吃的家伙！"虽然如此，猪还是得到了第十二名。

玉皇大帝于是郑重地宣布比赛结果："十二生肖的排名是：鼠，牛，虎，兔，龙，蛇……"话没说完，猫急急忙忙地赶到了。它全身湿透，一副很狼狈的样子。它一来就赶紧问："我得第几名？我得第几名？"

玉皇大帝和善地说："你来晚了，什么名都没有。"

猫一听，气得不得了，大叫："都是坏蛋老鼠害的，我要吃掉它。"说着便伸出利爪不顾一切地向老鼠冲过去。老鼠知道自己对不起猫，又惭愧又害怕，吱吱叫着，直往玉皇大帝椅子下钻。

老鼠虽然在比赛中赢了，列入十二生肖的第一名，可是它却提心吊胆，随时怕猫来找它报仇。所以从此以后，老鼠一看到猫的影子，就没命地逃，甚至大白天也躲在洞里不敢出来呢。

深爱理由

说到过年的故事，怎么可以不讲到十二生肖呢！这个故事里面，囊括了很多孩子们很喜欢的东西呢！里头有可爱有趣的动物，还有它们不同的能力以及相互之间的关系。

所以，张爸爸每次讲完这个故事的时候，孩子们就像看完一集DISCOVERY频道的电视呢！不知道大家有没有注意到，其实里面也牵扯到很多人性的东西，这些元素也颇能让大人思考一下。加上最后那个让人喷饭的结局，唉！怎么会有这么棒的故事呢！

请准备一张大图画纸或是白板来玩这个故事吧！这个故事我试过让孩子一起来画十二生肖，哈哈！结果他们画出来的东西，真会让人又好笑又惊讶呢！

尤其如果你是故事志工，也许在故事进行中，还会发现一些很有天分的孩子。最后别忘了，要带着孩子一起念十二生肖的口诀！听完这个故事，让人几乎可以完全记得十二生肖的顺序呢！

深度互动

在一对多为孩子说故事的场合，可以请孩子们分享他自己的生肖，然后大家还可以讨论各种生肖动物个性的特色！你会惊讶地发现，很多孩子怎么会对动物这么有研究啊！

大蛇到了家里以后，

老公公偶然之间发现这条大蛇非常喜欢吃米饭，

于是他每天都会给大蛇吃很多很多的饭，

蛇也越长越大。

过年之飞龙的故事

张爸爸讲故事

很久很久以前，有一个很善良的老先生在外面逛街的时候，突然看到一个年轻人正在抓一条蛇，然后把那条蛇抓进了一个笼子里面。老先生看了看那条蛇，蛇有两米长，身上是美丽的花纹，但是那条蛇却低着头，一脸沮丧的样子。老先生决定把这条忧伤的蛇买下来，带回了家。

老先生怕这条大蛇又被人家抓到，于是决定先把它养在家里，等下次去山上的时候，再把它放走。大蛇到了家里以后，老公公偶然之间发现这条大蛇非常喜欢吃米饭，于是他每天都会给大蛇吃很多很多的饭，蛇也越长越大。

就在这个时候，村子里的天气变得很怪很热，他们这个地方用来灌溉农田的河水也越来越少。天上又不下雨，所以农田里的稻子，也慢慢地变黄了。再不下雨的话，可就糟糕了！奇怪的是，那只大蛇每天也跟着都不吃东西，无精打采的样子。

有一天晚上，老公公在睡觉的时候，突然呼呼呼地刮起了一阵风！出现了一个老神仙对着老公公说："别怕！我是土地公！我来是要告诉你一件事！其实你家的那条蛇，是天上掌管降雨的飞龙！你要赶快把它放回到你们山上的那条河里，这里就会下雨了。记得哦。"说完话，土地公就不见了！

老公公早上醒来后，赶快走到了蛇的前面，向它行了一个礼说："对不起，我今天就带着你去河里，请你要赶快下雨，帮我们大家的忙！"

于是，老公公提着笼子，带着大蛇走到山上的河边，把大蛇放进了河里。

没想到，河里面突然冲出一只飞龙直往天空飞去！天上的云雾也慢慢地变成了黑色，还伴随着轰轰的雷声。过了一会儿，天上真的开始下起大雨来！而且连续下了好久的雨，终于，稻田恢复了绿色。

农民们都好高兴哦！大家都认为，这是飞龙的功劳，为了感谢它，每天大家都会带着米饭到河边，将一包一包飞龙最爱吃的米饭倒进河里。

可是有一天，老公公晚上又做梦了，他梦到飞龙来找他。飞龙对他说：

"老先生，你们千万不能再倒米饭到河里去了！我根本就吃不了那么多米饭。而且天上的玉皇大帝生气了，他认为你们是在浪费粮食，如果再这样的话就要惩罚我！所以请记得，不可以再倒米饭到水里了！"

老先生醒了以后，赶紧告诉大家这件事情。可是人们竟然不听飞龙的话，他们继续把米饭倒到河里去，结果玉皇大帝真的生气了！他命令天上的大将军拿着宝剑将飞龙砍成了两段，河里的水被飞龙的鲜血染成了红色！

这时候，人们才发现是因为他们不听话而害了飞龙。于是大家跪下来请玉皇大帝原谅飞龙，也保证以后再也不会倒米饭到河里了！于是玉皇大帝说："只有一个方法可

过年之飞龙的故事

以让飞龙变回原来的样子！就是你们要准备一个很大的龙形灯笼，然后在里面装满米饭，向它祭拜三天三夜后，飞龙就会恢复原来的样子！可是你们再也不可以随便浪费粮食了！"

村民们向玉皇大帝大声说了谢谢。他们花了很长的时间，做了一个和那条飞龙长得一模一样的灯笼，在里面装满了稻米，祭拜了三天三夜！果然，听到"轰"的一声，飞龙终于变成了原来的模样！大家跪下来向飞龙说对不起，飞龙往天空飞，还不断地回头向大家说："谢谢大家！我会继续保护你们的！再见了。"

听说从此以后，人们过年时舞龙舞狮，就是为了感谢飞龙对人类的恩情呢！

深爱理由

这个过年的故事，大家可能比较少听到吧！不过张爸爸发现的时候可是很喜欢呢！

而且我记得和孩子说的时候，讲到人们还是将米饭丢到河里的情节，孩子们都很生气！而飞龙被斩的桥段，虽然我已经讲得不会太重了，还是有些孩子掉下了眼泪呢！唉，能让孩子掉眼泪的故事，真的是有它的动人之处。

其实这个故事很重视情绪的转折！一开始的情节是愉快的，也就是飞龙和老先生的相处。建议可以让孩子猜猜看飞龙喜欢吃什么？

张爸爸通常会乱讲啦！比如说棉被、臭袜子等等！小朋友通常都会笑成一团，然后跟着乱猜。

我还会试着表演老先生拿各种东西给飞龙吃的时候，飞龙的各种表情。比如说棉被、臭袜子、白饭等，现场反应也很好笑。

不过，后段中，飞龙被斩，以及人们诚心的祈求，这些部分，张爸爸就会请各位说故事的读者，一定要跟着故事情绪走。哇！你会发现孩子真的很投入故事情节。我还会请孩子一起向着天空拜拜。呵呵，他们的表情可是非常可爱的呢！

深度互动

这个故事大家如果有机会在过年前后说给孩子听，建议大家可以一起和孩子做龙的灯笼！等一下，请别紧张地想："我怎么可能会做！"这就是大人和孩子的不同了。

过年之飞龙的故事　　117

对孩子来说，一堆肥皂盒连在一起，加上一颗自制的怪头！哈哈，小朋友就觉得是飞龙了。或是用大箱子做一个头，加上一条毛巾，也可以玩飞龙的游戏呢！保证在家里或是教室里，都会创造出无穷乐趣！

5

道具篇
Daojupian

当螃蟹和章鱼想要来欺负寄居蟹的时候，海葵就会用它有毒的刺细胞去电它们……

寄居蟹与海葵

张爸爸讲故事

寄居蟹是把背上背着的壳当成家，然后到处活动的海底动物。而且当它长大了就会换更大一点的壳。

当寄居蟹遇到危险，它就会赶紧躲在它的壳里面，但是寄居蟹还是很害怕一些动物，比如大螃蟹和章鱼，因为这些动物都非常有力气，一不小心寄居蟹就会被它们给吃掉，还好有一种动物会来帮它的忙——就是"海葵"。

海葵自己不会移动，所以海葵喜欢住在寄居蟹的身上，如此一来就可以跟着寄居蟹跑来跑去，可以比较容易抓到水中的小鱼和小虾，这样就不怕肚子饿了！

当螃蟹和章鱼想要来欺负寄居蟹的时候，海葵就会用它有毒的刺细胞去电它们，所以寄居蟹也很喜欢海葵住在它们的身上，这种关系在大自然里面叫作"共生"。

"共生"的意思，就是两种动物可以互相帮忙，寄居蟹带着海葵到处找食物，然后海葵就帮寄居蟹赶走敌人，分工合作、相亲相爱。

深爱理由

"能不能说一个故事，就可以让孩子了解某些品德？"

常有家长会这么问我，其实张爸爸必须诚实地告诉大家，那是很难的！因为"品德"这种东西，需要通过长时间的学习以及父母的身教，才能在孩子身上建立。

不过，有时候有些好的故事，却能在瞬间让孩子了解一些个性和习惯的重要。像这个故事便是如此，简单但非常有力量，小朋友很容易就能了解到朋友之间的一个概念和责任。

接下来的章节里面，我将和大家分享如何制作一些简易又可爱的小道具，来配合故事的进行，让孩子在听故事的过程中，充满更多互动、想象和欢乐，保证会让他们目不转睛。

故事进行前，请大家准备一大一小两个纸杯，在大杯子上面挖一个洞，再请孩子画上不同的花纹，不过先别告诉他们要做什么。

然后，再准备一双手套，将其中一只手套的手指部分剪下来，选择一只手指把上方剪成一束一束的，这就是海葵。

另外一只手套，则将食指与无名指部分画上眼睛哦！然后用纸简单地制作两只虾，放在家中隐秘处，接着再拿一些手套做出敌人，比方说章鱼，完成之后就可以讲故事了。

右手戴上有眼睛的手套，就是代表寄居蟹的身体了，然后再为它先戴上小杯子当成小壳，告诉小朋友寄居蟹长大了，再请他们帮你换大杯子，就是大壳啦！这样孩子会很开心！

接着，你用左手的指头戴上海葵，和寄居蟹说说话，演出上面故事情节中的对话，然后就可以将海葵放在寄居蟹伸出的中指上了，哇！合体完成。

再来就可以开心地带着海葵，一起出发去找出家中的虾。这时候，哎呀！坏蛋章鱼要出来了，想来欺负寄居蟹。此时，海葵要出来保护它的好朋友了，别忘了要把坏蛋电得头昏脑胀哦！

这样的道具，相信会让你阖家欢乐，妙趣横生呢！

深度互动

这个故事讲完以后，应该很累了吧！其实不太需要做其他的动作，不过建议爸爸妈妈或故事志工可以发展你们自己的第二集哦！因为在大自然里面，还有一些动物也是这样的关系！比如说鳄鱼与鳄鱼鸟，或是水牛与牛背鹭，鲨鱼与鲫鱼等等。

这样最美！

嘟嘟看了房子里面的东西，

忍不住问水滴奶奶：

"水滴奶奶，您家的东西都旧旧的，

为什么不买新的呢？"

突然，房子里面的空气像是冻结了……

水滴奶奶

"妈妈，你和爸爸的好朋友——'水滴奶奶'的家到底是住在哪里啊？"

开往阳明山的路上，可爱的嘟嘟实在是忍不住了，车子转来转去，把他的头都给转昏了。他只好紧紧地抱住他的玩具"水悟空"。这个玩具虽然旧旧的，但它可是嘟嘟从小最爱的玩具呢！但是水滴奶奶的家，怎么都还没到呢？

"嘟嘟别急，再过一会儿就到了，告诉你，水滴奶奶可是一个很好玩的人哦！"

"真的吗？妈妈，水滴奶奶到底有什么好玩的地方啊？"

"到了你就知道了，水滴奶奶的家有好多特别的东西呢！她还有一句超级口头禅呢！每次她讲这句口头禅的时候都会让人吓一跳哦！而且告诉你，水滴奶奶讲话从来都不超过八个字哦！厉害吧！"

"好了，到了。你们快出来吧！"

哇！水滴奶奶的家终于到了！一下车，嘟嘟整个人都呆住了呢！水滴奶奶家怎么这么好玩啊！看起来就像是一个简单但是舒服的木头房子，房子的旁边有一个看起来很特别的管子，长长的沿着房子旁边走呢！最可爱的是那个管子被画成了一只长颈鹿！真是有趣！嘟嘟抬头一看，他的面前突然站着一个慈祥但是一看就知道很调皮的老太太，挥着手和他打招呼呢！老太太身上的衣服真的有一个可爱的微笑水滴呢！嘟嘟想：她应该就是水滴奶奶吧！

水滴奶奶

"水滴奶奶，您好！"

"很有礼貌，赶快进来。"

"哈！真的呢！没有超过八个字。"

进到水滴奶奶的家，里面的东西都是旧旧的，但是却很干净！桌子竟然是一块大石头，椅子一看就知道是坏掉后修好的。那几个放东西的柜子不是嘟嘟小时候家里面放东西的柜子吗？还以为爸爸妈妈丢掉了，原来送到这里来了。嘟嘟看了房子里面的东西，忍不住问水滴奶奶："水滴奶奶，您家的东西都旧旧的，为什么不买新的呢？"突然，房子里面的空气像是冻结了，爸爸妈妈张大嘴巴看着嘟嘟，好像发生了什么可怕的事情。嘟嘟还来不及知道发生了什么事情，就看到水滴奶奶一步一步地走到了他的面前。嘟嘟害怕地抬起头，就看到水滴奶奶大声地一个字一个字地对着他说：

"世界上，所有的东西。"

嘟嘟想："嗯！刚好八个字。"

"可，以，用，就，好，别，浪，费！"

嘟嘟想："哎呀！还是八个字，可是好大声啊！"

水滴奶奶讲完了话，拍拍呆住的嘟嘟就转头去准备午餐了。

"哈哈……"旁边传来了爸爸和妈妈笑倒在地上的声

音，嘟嘟有点生气地走到了爸爸妈妈的身边，"爸爸妈妈你们在笑什么啦？"

妈妈扶着嘟嘟的肩膀说："你现在知道水滴奶奶的口头禅了吧？哈哈哈！"

嘟嘟说："知道了！可是也不用那么大声嘛！不过水滴奶奶真的很厉害呢！真的每句话都不超过八个字！可是我还是不知道她为什么叫作水滴奶奶啊？难道是因为她大声说话的时候很多口水像水滴一样喷出来吗？我的水悟空上面差点都是她的口水呢？"

"哈哈！不是啦！下午你就知道啦，哈哈！嘟嘟你真好玩。"爸爸已经笑到肚子痛了。

吃完午餐，正在吃水果的嘟嘟实在忍不住了，他看了看正在和爸爸妈妈开心聊天的水滴奶奶，小心地问："水滴奶奶，请问您为什么叫作水滴奶奶呢？"

水滴奶奶伸了头过来，看看嘟嘟，又看看嘟嘟的爸爸妈妈，又看了看手表，露出顽皮的表情说：

"时间刚好，一起去玩。"

水滴奶奶带着一脸怀疑的嘟嘟和正在偷笑的爸爸妈妈走到了房子的门口，突然水滴奶奶拿出了一只小小的滴管，把它交到嘟嘟的手上，然后她带着一脸兴奋的表情说：

"嘟嘟你来。"

水滴奶奶扶着嘟嘟走到了一个小小的天平前面，嘟嘟轻轻地一挤滴管，大大的一滴水，滴到了小天平的一端，小天平慢慢地往下降，另外一端慢慢地往上升。

哎呀！碰到了另外一个小小的跷跷板，跷跷板上的球开始往下滑，滚到了一个长长的轨道上面，接下来就听到水滴奶奶大声地说：

"嘟嘟赶快，跟着球跑！"

哇！嘟嘟紧紧地抓着他的水悟空，努力跟着球跑，发现球绕着房子周边的管子走了一圈呢！球经过的地方，水管上面一个个洞打了开来，最后球滚到了管子的最后面，竟然出现了一个开关！球一撞到开关，哇！嘟嘟这时候才发现还有一根水管连接到房子的上面，竟然是一个好大的水塔！水塔上传来了"轰轰轰"的声音，到底发生了什么事啊？

只看到水塔上面流下来好多水！水流进了刚刚经过的水管里面，整条水管打开的洞里都冲出了漂亮的水花！哈哈！水花洒在下面的草皮和花上面，花儿们都挺直花茎接受着水的灌溉呢！小小的彩虹们也来凑热闹呢！

"嘟嘟，快进来！"

水滴奶奶响亮的声音，吓得嘟嘟什么都不想，就赶快跑进房子里面。嗯！真有趣呢！原来水管还跑进了房子里面，小水槽上面有一个小小的蓄水器也充满了水，连水滴奶奶家里面的马桶都传来了水的声音呢！原来从水塔流下来的这些水，也会跑到房子里面来呢！

"水滴奶奶，真是太好玩啦！可是我想请问您，到底水塔里面的水是从哪里来的啊？"

水滴奶奶摸摸嘟嘟的头说：

"这些水从天上来的！"

哦！原来水滴奶奶把下雨的水都给收集起来再利用呢！但是嘟嘟忍不住问："可是，为什么不用水龙头里面的自来水呢？"突然，奶奶看着嘟嘟一步一步地走了过来，嘟嘟开始后悔了，因为他想起了水滴奶奶的口头禅。

果然没错，奶奶又是一个字一个字地说：

"可，以，用，就，好，别，浪，费！"

哎哟！好大声的八个字啊！

嘟嘟帮水滴奶奶用收集的雨水洗完了擦地的毛巾，看着外面美丽的花朵和小草，嘟嘟终于知道水滴奶奶为什么叫作水滴奶奶了呢！原来她是一个连一滴水都会珍惜的可爱奶奶！但是，真是不可思议，她竟然可以用一滴水做出这么好玩的东西呢！

嘟嘟牵起水滴奶奶的手，问水滴奶奶："水滴奶奶，您为什么这么珍惜这些水呢？"

奶奶牵着嘟嘟走到了桌子旁边，打开抽屉拿了一张照片出来，交给了嘟嘟，

照片里面是一个非洲的妈妈背着小孩走到一座水井的旁边盛水，旁边还有一大堆人在排队呢！奶奶摸摸嘟嘟的头，眼睛里充满了哀伤：

"水是老天，给的礼物！"

"水滴奶奶，难道有一天会没有水吗？"

"一起珍惜，永不干枯！"

吃完了晚餐，在水滴奶奶家外面舒服地聊天，看着身边一大群飞来飞去的萤火虫，这真是一个舒服的夜晚！

"该去洗澡，准备睡觉！"水滴奶奶温柔地对着爸爸妈妈说。

嘟嘟跟着妈妈走进了浴室，怎么都没有浴缸呢？只有一个莲蓬头！嘟嘟忍不住问妈妈："妈妈，为什么水滴奶奶的浴室里面只有莲蓬头没有浴缸呢？"

妈妈说："嘟嘟，你知道吗？那是因为如果我们洗澡是使用莲蓬头的话，用掉的水其实只有一点点，但是如果我们是用浴缸的话，用掉的水可是比用莲蓬头多好几倍呢！"

"真的哦！这样我以后都要用莲蓬头洗澡。今天水滴奶奶拿了一张照片给我看，我们可以这么自然舒服地用水，真的很幸福。所以，我以后也要更珍惜水呢！"

洗完澡的嘟嘟舒服地躺在床上，水滴奶奶走了进来，看着他的爸爸妈妈说："晚安。晚安。"然后走到了嘟嘟的床前面，摸摸嘟嘟的头发和水悟空的头说：

"嘟嘟今天，真的很棒！"

嘟嘟说："水滴奶奶，您才最棒！"嘿嘿！我也只用了八个字呢！

走到门口的水滴奶奶，笑着回头看了看水悟空，然后跟嘟嘟说："明天起床，买新玩具！"嘟嘟突然想到了一件很重要的事，他赶快大声地说："水滴奶奶，玩具，可，以，用，就，好，别，浪，费！"

嘟嘟看着奶奶张大的眼睛和嘴巴，哈哈！这可是今天最棒的结尾啦！

深爱理由

这个故事，是张爸爸和自来水事业处合作的一个故事，主要的目的是希望借由绘本的形式，让孩子珍惜水资源，但是要跟大家说声抱歉的是，这本书现在可能找不到了，不过还是忍不住要跟大家分享它的故事内容。

记得之前很多小朋友看完故事的时候，都告诉我这个奶奶真是太好玩了，他们不只了解到一些节省水的方法，还真的一直在算奶奶说的话是不是八个字呢！张爸爸猜你应该也会吧！哈哈！

同时要先跟大家预告一下，在后面的"张爸爸私房篇"中，也有一个类似的故事，虽然创意的原点是一样的，不过进行方式可就截然不同哦！

进行方式

说故事的时候，当讲到很多水如何运用的部分，记得停下来跟小朋友讨论一下！比如说：家里面哪些地方，可以学水滴奶奶那样充分利用水资源？是不是泡澡剩下的水可以拿来冲马桶、浇花，或是马桶可以加装省水装置等等，让大家集思广益！而且当天晚上就要赶快操作，让孩子用浴缸的水去冲马桶或是浇花，因为这样他们才会印象深刻呢！

深度互动

在这个部分，张爸爸建议大家，可以让孩子练习如何收集雨水来做二次利用哦！这其实还挺好玩的，而且可以用瓶子把雨水装起来，让孩子看看沉淀后的雨水和一般水有何不同哦！甚至还可以标明瓶子的用途，孩子可是会将这些瓶子，视为宝贝和重要的责任呢！

这杯子该换了……

奶奶……

可以用就好

别浪费！

坏掉的袜子可以拿来做什么？

坏掉的衣服可以拿来做什么？

废物利用

张爸爸讲故事

用过的纸可以拿来做什么？

（背面还可以拿来画图啊，或是吃东西的时候可以拿来垫！）

用过的盒子可以拿来做什么？

（装东西啊，或是做玩具！）

坏掉的袜子可以拿来做什么？

（补一补很可爱啊，变成可爱的娃娃！）

坏掉的衣服可以拿来做什么？

（缝一缝又可以穿啊，或是补好后送给别人，或是当抹布啊！）

喝完饮料后的瓶罐可以拿来做什么？

（自己做存钱罐啊，或是变成好玩的乐器！）

深爱理由

这样的概念故事是张爸爸很爱的活动型故事！因为可以和孩子一起把很多东西做出来，还能让孩子真正学会资源的再利用。

进行方式

请你将故事中所有的东西都和孩子一起做做看吧。

用过的纸一起拿来再画图。

用过的盒子拿来装东西，接起来变成火车，或是做成小小的水族箱。

破掉的袜子里面塞入卫生纸，画一画，缝一缝，变成可爱的娃娃。

破掉的衣服拿来当作抹布清洁环境。

喝完饮料的瓶罐拿来做存钱罐，或是用各种瓶罐让孩

废物利用

子当成敲击乐器来玩。哇，虽然很吵，但是却很好玩！

资源回收是现在社会的重要课题！另外一个就是能源的节省！所以，张爸爸建议你可以试着跟孩子讨论一下如何节省能源，尤其在家里做哪些事情可以节省能源！但是别忘了，要请孩子自己操作哦！

格列佛醒过来的时候，
突然发现手脚都不能动了，
转头去看，才知道自己被一群很小的人
牢牢地绑起来了。

格列佛游记

张爸爸讲故事

格列佛是一个英国医生，他很喜欢到处去旅游。有一次，格列佛坐船去旅行，没想到船在海上遇到大风浪，撞上了礁石。船破了，他昏迷过去，被海水冲到一个海岛上。

格列佛醒过来的时候，突然发现手脚都不能动了，转头去看，才知道自己被一群很小的人牢牢地绑起来了。在他的四周，那一群小人一个个挽弓搭箭，把箭头对准了他。这些小人，每一个都只有20厘米高，原来这个地方就是小人国。

格列佛吓得不敢乱动，小人国的国王，认为格列佛很老实，应该是个好人，于是就放开了他，并留他在小人国里住。他参观了小城市、小王宫，看到了小楼房、小街道。他发现小人国里，一切都小，不但人小，连牛羊马匹也都很小。尤其是他们的小孩子和小狗，更加小得不得了。

格列佛在小人国里帮了大家很多忙，因为他在小人国里可是巨人呢！他帮大家盖房子、种田，每个人都很喜欢格列佛，大家都变成了好朋友。而每天的吃饭时间就成为小人国居民最忙碌的时候，因为格列佛一餐可是要吃掉一百只鸡、一千个面包、一万颗苹果呢！

虽然格列佛很喜欢小人国，但在那里住久了，他开始想回家了。但是小人国国王帮不了这个忙，因为那里最大的船，只比箱子大不了多少。好在后来有一条旧木船漂到岛上，格列佛才告别了小人国，终于回到了自己的家。

深爱理由

想启发孩子的丰富想象力吗？那就来听《格列佛游记》吧！

因为里面大小的对应概念真是太有趣了！只是我们大人都丧失童心了。但是所有第一次听到这个故事的孩子，都觉得很好玩呢！不知道大家有没有发现，之后很多相关的故事和电影，可是深受这个故事的影响哦！

进行方式

请大家再跳出一般的说故事方式吧！不管你是在家里，还是身为故事志工说这个故事，建议你可以试试看，请孩子一起来"画"这个故事！

前面的部分，其实不需要书，只要讲到格列佛来到小人国为止。

然后接下来，请你拿出一张纸或是在黑板上画下一个大人格列佛。（别担心画不好，其实越丑孩子觉得越好笑！）然后，请孩子在旁边画出小人国的房子、车子，还有要给格列佛的所有食物和东西，你会发现跟随故事情节发展，最后图完成的时候，那个画面真是太好笑了！每个孩子都是创意无限的大画家呢！

深度互动

不知大家知不知道，格列佛后来还去过巨人国呢！那儿所有的东西可就和小人国刚好相反，大得不得了！你可以请孩子一起来编个故事哦！还可以讨论在小人国和巨人国里面到底会发生哪些其他的趣事呢？这能训练孩子对日常生活的观察力哦！

6

张爸爸私房篇
Zhangbaba Sifangpian

白蛇精为了报复洞穴被毁之仇，

将当时的王后绑回"长坑洞"中，

然后变成王后的模样回到王宫里面，

把宫里的三十六个宫女全部变成腹中的食物。

顺天圣母
陈靖姑传奇

张爸爸讲故事

　　很久以前，在福建省泉州府东门外的洛阳江，水流湍急，渡船不易。当时的地方官宋忠负责造桥的事情，可是造桥工程艰难，所需经费庞大，当他感到无助的时候，便常常向观世音菩萨祈求。

就在二月十九日观世音菩萨生日那天，慈悲的观世音菩萨决定亲自帮忙建桥。她化成一位美女坐于船头，将莲花化成彩船，竹枝化为船舱，并请当地"土地公"化成船夫掌舵。然后告知来往的人们，能够用金银投到美女身上的人，就可以娶美女回家，没有投中的话金银就没收，作为造桥的经费。

观世音菩萨知道一般人根本不可能投中。可是有一个名叫王小二的老实人，以卖菜为生，用他所有的积蓄去投，可屡试屡败。就在此时，观世音菩萨得知九霄之外的另外一位神仙吕洞宾要来看热闹，怕他作怪，干脆施法让王小二丢中。不过观世音菩萨是仙佛，不可能与凡人结婚，便做法起大风将小船翻覆，希望王小二不再有非分之想。

不料王小二人财两空后，万念俱灰竟然投江自尽了。观世音菩萨将他引渡转世到古田县刘家，俗名叫"刘杞"，静待另一世和观世音菩萨的未了因缘。

但是爱看热闹的吕洞宾还是来了，他的半根白头发不小心掉到江里，变成了一条大白蛇，观世音菩萨自知人间因缘未了，而且白蛇即将危害人间，于是咬破手指，将一滴血化为一颗杨梅流到福州。当地有一位善良清廉的大官陈昌，他的太太葛氏在水边洗衣服时忽然看到杨梅漂来，吃下后竟然怀孕了。

葛氏在正月十五日生了一个女孩，取名"靖姑"。女孩出生时，屋内充满紫色的烟雾，是吉祥的预兆。这位陈靖姑就是后来的顺天圣母娘娘。

陈靖姑十三岁的时候，拜许真君为师修习道法，十六岁学成归里。陈靖姑十八岁时奉双亲之命嫁给福建古田县的刘杞，他就是当时王小二的化身。也算了结了观世音菩萨在人间的一段姻缘。

当初陈靖姑三年学成，拜别师父许真君欲返家时，许真君再三告诫她记得只管一直往前走，千万不可以回头观望。但是她舍不得师父，走了二十四步后又回头去找师父。难过的师父只好告知陈靖姑，这么做会让她在二十四岁时有大难发生，只好再三交代她在二十四岁那年，千万不能施法也不能动法器，才可以保得平安，并送给陈靖姑"牛角吹、法绳、宝剑"三项法器，以防不备之需。

陈靖姑下山之后，先是在十八岁那一年，为了救未婚夫刘杞破了当时为害人间的白蛇洞。白蛇精为了报复洞穴被毁之仇，将当时的王后绑回"长坑洞"中，然后变成王后的模样回到王宫里面，把宫里的三十六个宫女全部变成腹中的食物。

白蛇精为了加害陈靖姑，还迷惑闽王取陈靖姑的心来治病。陈靖姑听闻白蛇精再次危害人间，于是将计就计进入闽王王宫内，降伏白蛇精，将它斩为三段，白蛇头镇于白龙江的洞中。

接下来陈靖姑救出王后陈金凤，并把被白蛇精吃掉的三十六个宫女的骨灰排列，施法变回原来的模样。闽王感念陈靖姑救王后有功，便将三十六个宫女赐予陈靖姑为徒，也就是今日我们称呼的"三十六婆姐"。陈靖姑尽心传授她们法术，使她们都能捉妖除鬼怪、救助难产、保护婴儿。这也是为什么后来顺天圣母成为孩子守护神的原因！

在陈靖姑二十四岁那年，福建临水乡一带久旱不雨，灾情严重。乡民争相请她施法祈雨，陈靖姑为救百姓黎民，只好不顾师父许真君的告诫。当时她其实已经怀孕三个月，更增加了危险程度，但她为了拯救苍生，决定冒险求雨。

陈靖姑先用法术，将胎体拿出来放在一个缸里，将房门关好，施法用一张八卦图盖住，又把草绳化成一只猛虎镇于后门，再将屋子变作一座莲池。之后便施法到达天庭，恳求玉皇大帝，玉皇大帝被她的善心感动，天降甘霖，万物复苏。

可是，白蛇精的头为了报仇，竟然带着另一个坏蛋长坑鬼找到了陈靖姑的孩子，一口把她的孩子吃掉了！陈靖姑因此胎气大损，只好拖着残存的体力继续追白蛇头与长坑鬼。此时在水里的长坑鬼想要拉陈靖姑入水，还好陈靖姑的师父许真君派出了鸭子，帮忙拉住草席，最后白蛇头逃进临水洞，陈靖姑施法将洞口封住，终于收伏了白蛇头，却也因为体力耗尽及淋雨，身子坐在白蛇洞上后就死掉了。当地居民为了感念陈靖姑的事迹及英勇行为，尊她为"临水夫人"，在临水的洞口建庙祭祀她。

所以今天大家如果去到那里，可以找找白蛇在哪里。陈靖姑在死前曾说："我死后一定要成为护产之神，救人难产！"仙逝后的陈靖姑，灵魂飞到师父许真君那里补授投胎、救产、佑童的法术。羽化成仙后便成了民间信仰推崇的"临水夫人"顺天圣母娘娘。

当地也因此衍生了很多的习俗，比如说：为了感念鸭子的帮忙，祭拜或平日都不吃鸭子，女孩子们二十四岁时都不生小孩呢！

深爱理由

从这个故事里面，大家有没有再次发现，中国传说故事真是很精彩呢！张爸爸每次看到这样的故事都很感动，尤其是看到当地的民间习俗与神话的关联，真的可以感受到当时的人们对神明的崇敬。在台湾人熟悉的神明里面，竟然没有这位保护孩子的顺天圣母娘娘，身为爱孩子的人，怎么可以让大家错过这个很棒的故事呢！下次你有朋友要生孩子的时候，别忘了也可以去向顺天圣母娘娘祈求平安哦！

进行方式

这个故事其实挺长的，建议大家在互动方式上可以用一些辅助的材料，比如说：如果你会画画，就画几张图，把人物画出来，如果不会画也没关系，可以上网找这些人物的资料，然后印出来。这都会让小朋友对人物的印象更深刻。

最后的斗法情节，请记得不要直接说出答案，这样就不好玩了！可以请孩子猜猜看，接下来该怎么办，然后再往下公布答案，当他们知道之后的发展，可是会露出"哇"的可爱表情哦！

深度互动

建议大家可以带一些照片，让孩子有机会认识一下平常庙里供奉的神明。别认为张爸爸有宗教的企图，再次跟大家强调不管任何一个宗教，都可以介绍给孩子去认识，毕竟"对神明的尊重，会让人学会谦卑"。这句话可是叶问说的哦！

后来士兵又在路上遇到一位神枪手，

他正瞄准一只停在树上的苍蝇，

这位神枪手竟然一枪把苍蝇给打死了。

士兵一看便对他说……

六人闯遍天下

张爸爸讲故事

从前有一个国王，身边有一位常常帮他做事的勇敢士兵。可是当士兵要退休时，国王原本答应给他很多礼物，最后却只给了他一点点，并说：

"我不想给你了，不然这样好了，我身边有很多厉害的人，如果你可以找人来跟他们比赛，并且打败他们的话，我就给你更多的礼物。"

生气的士兵只好出发去找帮手了。

当他走进森林里的时候，看见有个大力士站在林子里，只用一只手便把一棵大树给拔了起来。他便对大力士说："可不可以请你帮我去打败坏国王呢！"这个大力士一口就答应了。

后来他又在路上遇到一位神枪手，他正瞄准一只停在树上的苍蝇，这位神枪手竟然一枪把苍蝇给打死了。

士兵一看便对他说："可不可以请你帮我去打败坏国王呢！"这个神枪手也答应了。

三个人往前走时，突然一阵强风吹来，他们被吹得几乎没办法走路，往前再走看到有一个人坐在树上，堵住一边鼻孔，当他从另一边鼻孔吹气出来时，竟然能使七座风车不停地转动，而且转得非常快。

士兵又说："可不可以请你帮我去打败坏国王呢！"这个大鼻孔也答应一起去了。

这四个人走了一段时间之后，突然有一个全身黑黑的人，从他们身边很快地跑过去，然后又很快地跑回来。他们赶紧去找他，却看到这个人竟然卸下了一条腿，只用一只脚站立着休息。

他说："我是飞毛腿，如果不把一条腿卸下来，我会跑得很快很快，比鸟飞得还要快，这样就没办法休息了。"

这时士兵又说了："哇，可不可以请你帮我去打败坏国王呢！"

这个飞毛腿也加入了他们的队伍。

没过多久，最后他们五个人又遇到一个帽子戴在耳朵上的人，这个帽子戴在耳朵上的人说："只要我把帽子戴在头上，旁边就都会变成冰块！"

当然，士兵也邀请了冰块人，他们六个人一起去找坏国王。

碰到国王后，国王说："找个人来跟公主赛跑，如果跑赢公主，我就把礼物给你。"

飞毛腿说："没问题，让我来跑！"士兵当场和国王约定好谁先把远方井里的水取来，谁就获胜，之后便帮飞毛腿装上另一条腿，并对他说："一定要跑得快，才能帮助我们获胜！"

当飞毛腿与公主同时起跑后，才一转眼的工夫，飞毛腿便已经跑到了井边，取到满满的一罐水，而这时候公主却只跑了一小段路。飞毛腿因为觉得公主跑得太慢了，竟然偷懒躺下来休息。这时公主看到飞毛腿在睡觉，便将飞毛腿的水全部倒在她自己的罐子，然后赶紧往回跑。怎么办呢？

还好，神枪手在城堡上刚好看到这一幕，于是他便给猎枪装上子弹，射了一颗子弹打在飞毛腿的屁股上，把飞毛腿吓醒了，赶紧重新跑回去将水装满。因为飞毛腿实在跑得太快了，最后竟然比公主还提前十分钟到达城堡，这可是让国王惊讶得嘴巴都合不上呢。

奸诈的国王决定假装邀请这六个人吃一顿丰盛的大餐，便带他们到一个铁房间里，这个房间的地板是铁做的，门也是铁做的，窗上也都装着铁栅栏，里面放了一张摆满食物的大桌子。当这六个人开始吃起食物后，国王便将门锁起来，并要厨师在房间的下面烧火，一直烧到铁板发红为止。

这时候，六个人开始害怕了，而且房间也越来越烫，这时他们才发现国王起了坏心，将他们锁起来，打算把他们六个人烤焦。正当大家烫得在铁板上跳舞的时候，冰块人立刻将他的帽子戴在头上说："大家别怕，看我的厉害！"果然，铁房间里面的地板结成冰块，再也不烫了。

坏心的国王发现用火也没有办法伤害这六个人，便说："好吧好吧！你拿个袋子来，但是只能一个人来拿，只要他搬得动，他想要拿多少都可以。"

这次，士兵派大力士拿了一个很大很大的大袋子去见国王。

于是国王只好不停地从各地运来许多宝贝，但是无论如何就是装不满这个袋子。最后大力士轻松地把装着财宝的超大袋子扛走后，国王一气之下，便派出军队去追赶这六个人，想将装着财宝的袋子给抢回来。

当军队终于赶上这六个人并且想要将袋子抢走的时候，大鼻孔站出来说："想要抢走我们的袋子？呼！我要把你们通通吹到天上去！"说完，便按住一个鼻孔，用另一只鼻孔对着军队吹气，不一会儿便将所有军队都吹到了半空中。

国王知道之后只好说："让这六个人走吧，他们是真的很厉害！"

于是，这六个人便将财宝平分了之后，一起过着幸福的生活。

深爱理由

这个故事大概就是最标准的格林童话了，只不过张爸爸将它稍微改编了一下，就像当时的格林兄弟，花了很多的时间去整理口述的童话一样。因为在原版的童话中，其实有很多不适合孩子看的血腥描述，但我可是保留了故事中所有的精彩元素哦！每回说给小朋友听，他们都很专心投入，还会跟着剧情不断猜接下来的情节，并且说出找谁来克服眼前的危机。

哇！一场故事下来，孩子可是成就感十足呢！更不用说最后出人意料的结果了！

进行方式

请爸爸妈妈或是志工们千万不要自己一直讲，可以让孩子自己动脑想想看，要找谁来处理故事主角碰到的危机，如果一时想不出来，可以给孩子提供一些线索。

同时在故事进行中，建议大家和孩子，一起跟着主角做动作，可以学大力士拔树搬礼物、学神枪手射苍蝇、学飞毛腿跟公主比赛、学冰块人戴帽子救大家、学大鼻孔吹风赶走坏人，呵呵！你会发现孩子可是会永远记得这个故事呢！

深度互动

其实还可以让孩子自己编故事，让他们想出其他的特殊能力，然后编出孩子版的六人闯遍天下，甚至演出小型的话剧，可是非常好玩的呢！

有一天，这个坏心的富翁，

叫来一个叫作小方的仆人，

要小方去买一个叫作"啊呜"的东西，

小方吓了一跳，因为哪有东西叫作"啊呜"呢？

啊呜是什么

张爸爸讲故事

古时候，在一个村子里面，住着一个贪心又对别人很坏的富翁。富翁的身边有很多的仆人在服侍他，但是这个富翁常常欺负他的仆人，要仆人去买不可能买到的东西。

有一次，他叫其中一个仆人去买"当当"，又有一次，他还叫另一个仆人去买"啦啦"，如果买不到的话，他就会把这个仆人关起来，或是不给他饭吃，因此所有的仆人对富翁都是敢怒不敢言。

有一天，这个坏心的富翁，叫来一个叫作小方的仆人，要小方去买一个叫作"啊呜"的东西，小方吓了一跳，因为哪有东西叫作"啊呜"呢？但是他也不知道怎么办才好，只好出去找找看。

可是，这时候再怎么难过也没用啊！小方决定要动脑想一下。

啊！有了，过了一会儿，小方回到了富翁家里，富翁看见小方便问他："啊呜在哪里？"

小方从他的身后，拿出了一个瓶子。富翁说："这只是一个瓶子而已啊！"

小方说："哦！对不起，啊呜在瓶子里面，您伸手进去就知道了。"

于是富翁把手伸进了瓶子里面，哈哈！原来瓶子里面是一只螃蟹呢！螃蟹一看到富翁的手便用力夹了一下，于是就听到富翁大喊："啊呜！"

旁边的仆人都笑了出来，富翁也觉得很不好意思，以后再也不敢欺负人了！

啊呜是什么

这是我儿子女儿百听不厌的故事，而且还会常常去讲给别人听。虽然简短，但是里面蕴含的趣味与智慧，会让听的人不禁会心一笑呢！

可以先让小朋友猜猜看，到底那个聪明的仆人小方，在瓶子里面放的是什么东西？别急着公布答案，看着孩子抓头思考的样子，可是非常有趣的哦！

别忘了，最后还可以由你来出"声音题"，比如说："当当""锵锵""啦啦"，让孩子猜猜看，可以买哪些奇怪的东西，这样可以训练他们对声音的注意与观察哦！

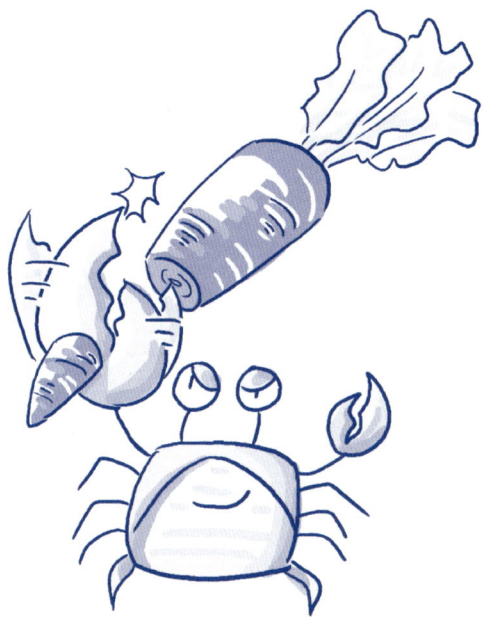

走啊走啊，壮壮碰到了嘴巴好大的河马，他问：
"河马啊河马，你知道大海在哪里吗？"
河马回答："你一直往前走，一直往前走，
看到有船的地方，就是大海了！"

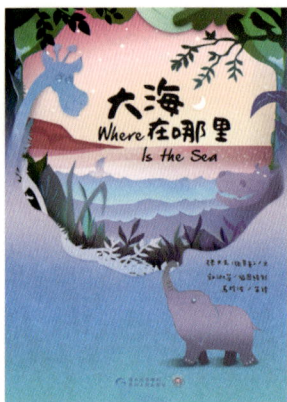

大海在哪里

张爸爸讲故事

壮壮是一只住在森林里的可爱大象，它最喜欢读书了，也很想跟书里面的人一样去冒险。

有一天，它在一本书上看到了蓝色的大海，壮壮觉得大海好漂亮哦！但是它竟然从没有看过真正的大海，于是它决定要出发去寻找大海了！

走啊走啊！壮壮碰到了小小的小鸟，"小鸟啊小鸟，你知道大海在哪里吗？"

小鸟回答他："你一直往前走，一直往前走，走到没有地板的地方，就是大海了。"

壮壮好开心啊！它高兴地继续往前走了。

走啊走啊！壮壮碰到了高高的长颈鹿，"长颈鹿啊长颈鹿，你知道大海在哪里吗？"

长颈鹿回答它："你一直往前走，一直往前走，听到有海浪'沙沙，啪啪'声音的地方，就是大海了！"

壮壮好开心啊！它高兴地继续往前走了。

走啊走啊，壮壮碰到了嘴巴很大的河马，"河马啊河马，你知道大海在哪里吗？"

河马回答它："你一直往前走，一直往前走，看到有船的地方，就是大海了！"

壮壮好开心啊！它高兴地继续往前走了。

走啊走啊，壮壮碰到了爱睡觉的狮子，"狮子啊狮子，你知道大海在哪里吗？"

狮子边打哈欠边回答它："你一直往前走，一直往前走，走到太阳回家睡觉的地方，就是大海了。"

壮壮好开心啊！而且它发现太阳真的要回家睡觉了

大海在哪里　161

呢！于是它赶紧向着太阳回家睡觉的方向跑过去。

走啊走啊，壮壮听到了一种很特别的声音！"沙沙，啪啪"那是海浪的声音呢！快点快点哦！大海就快到了。

接着，又看到了船，太好了！快点快点哦！大海就快到了！

哎呀！赶快紧急刹车，呵呵！因为没有地板了。

哇！没错，壮壮终于找到大海了，好美好美啊！

壮壮好想把大海带回家！好想把大海装进口袋！可是不行啊！于是，壮壮捡起了一个很大的贝壳带回了家做纪念。

每当壮壮想念大海的时候，它就会拿起贝壳，听听"海风"的声音呢！

深爱理由

这样的故事，路上的线索与结果有完美的连接，当我们讲给孩子听的时候，孩子除了专心听，更会随时提醒你还有哪些线索，所以非常好玩。同时通过隐藏在故事语言中的动作、声音、颜色，更会让孩子训练所有知觉的敏感度呢！

每个动物出场的部分，可以用"演的"，让孩子猜猜看是什么动物来了，同时赋予这些动物一些不一样的感觉。

比如说：小鸟可以很轻盈地讲话，长颈鹿则是用伸长脖子的方式来表演，河马当然是张大嘴巴喽！像我给孩子说这个故事的时候，一讲到"狮子"，就一直打哈欠。（因为狮子本来就是很爱睡觉的动物，他们一天可以睡十几个小时呢！）如此小朋友就会觉得很有趣。

"告诉你，我有跟大象壮壮借了他的神奇宝物，我们一起把它找出来，好不好？"不妨事先准备一个海螺，或是大型贝壳，但是在说故事前请先藏起来，在故事结尾的时候这样跟小朋友说，然后大人小孩一起寻宝，当"挖到宝"的那一刻，孩子脸上那个无比惊讶、开心的表情，定会让你偷笑在心里呢！

深度互动

这个故事的最后，其实可以跟孩子讨论海边还有哪些特别的地方？比如说：海水是咸的，海风闻起来的味道，

大海在哪里

或是介绍螃蟹、弹涂鱼等海边的生物。

　　所以，当你重复讲这个故事的时候，就可以把这些元素加进去了，这故事可就是你和孩子一起改编的经典故事哦！

很多客人都故意少放钱多拿油，

但很奇怪的是，

不管大家怎样拿油，那个装油的缸，

永远都是满满的。

诚实油

张爸爸讲故事

　　从前有一个很繁荣的城市叫作东都。东都的大街上，开了一间有趣的店，名叫"诚实油"。

　　老板是一个白发苍苍的老爷爷，诚实油这家店的生意非常好，原因除了他卖的油品质很好之外，更有趣的一点是，老板在门口挂了一个箱子，由客人自己投钱，也就是说买多少油就放多少钱，一切全凭客人自己的良心。

很多客人都故意少放钱多拿油，但很奇怪的是，不管大家怎样拿油，那个装油的缸永远都是满满的。所以大家常常猜，这个白发苍苍的老爷爷应该是神仙吧！

在距离东都不远的地方，住着一对母子，他们人很老实，男孩的名字叫作小诚，每天都很努力地砍柴和工作，然后再将木柴挑到城市里去卖，换来的钱全部都交给母亲，邻居都说小诚是一个孝顺的孩子。

有一天，小诚要去东都卖木柴，出门前妈妈拿给他一个装油的瓶子，叫他顺便买油回来。小诚到了东都以后，卖完了木柴，来到诚实油的油店。他发现大家都是自己投钱拿油的，于是把自己今天卖木柴赚来的二十块钱全部都投进了油钱箱子里，然后打上油开心地回家了。

小诚回到了家，妈妈看见他问："油买了吗？"

小诚立刻将油瓶递给妈妈。妈妈接过油瓶，发现拿起来感觉比平常要重，就问小诚说："小诚啊，你付了多少钱给老板啊？"

小诚回答说："二十元啊！"

妈妈说："小诚啊，这样你少给老板钱了啊！我们可不能欺骗老板！赶快去把多的油还给老板。"

小诚觉得很惭愧！于是他赶快出门到了油店，向老板道歉后，就将多余的油倒回了油缸里。路过的人看到这一幕，有一些人都笑这个小诚真是太笨了。

这时候，老板突然走到了小诚的面前对他说："小诚，你真是一个诚实的人，难得难得！现在我要告诉你一件事情，你一定要记得！过几天，你要是见到东都城门外石狮子的嘴巴流血的话，就要赶快朝北方逃！不然可是会死的，千万记得哦！"

老板讲完之后，整家油店像一阵烟似的突然消失了！

这下子，小诚真是惊讶极了，于是从那天开始，他每天都会注意东都城门外石狮子的嘴巴有没有流血。

小诚也把这件事告诉了妈妈，妈妈说："奇怪，石头做的狮子怎么会流血呢？不过那个老先生一定是个神仙，所以你还是要多注意！"

从那天之后，小诚只要来到东都，都会仔细看看那只石狮子。不过每次小诚在那里都会遇到一个卖猪肉的屠夫，这个屠夫发现，小诚每次经过石狮子，都会仔细地看那个石狮子，他觉得很奇怪。

有一天，他实在是忍不住了，就问小诚为什么，小诚很老实地将老爷爷告诉他的话说给了屠夫听。

屠夫听完哈哈大笑，就说："你这个傻瓜，石狮子怎么会流血呢？我看你是被那个老爷爷给骗了！"说完屠夫就走了。

隔天，天上突然下起了大雨，刚好准备进城的屠夫被困在城门口。屠夫这时看到了那个石狮子，突然想起小诚说的话，于是决定要作弄他。

接着，屠夫从他的猪肉篮里拿出一罐猪血，倒进了石狮子的嘴巴，石狮子的嘴里立刻流下了鲜血。

这时候，小诚刚好要进城，经过城门时看了石狮子一眼，吓了一大跳，因为他发现石狮子的嘴巴真的流血了！于是他大叫一声，赶快着急地跑回家去了。屠夫看见小诚那个匆忙的样子，笑得肚子都疼了。

小诚跑回家，急急忙忙地把石狮子流血的事情告诉了妈妈和邻居们，请他们赶快往北逃。有些人觉得小诚很好笑，有些人则认为诚实的小诚应该是不会说谎的，于是这些相信小诚的人赶快把行李准备好，就和小诚以及他的妈妈往北方逃去了。

接下来就看到雨越来越大，风越来越强，小诚背着母亲带着相信他的人，马不停蹄地朝北方一直走。就在他们走到离城不远的地方时，突然听到一声轰然巨响，大家回头一看，发现整个东都城都塌了下来，出现了一片汪洋大海。

小诚带着大家赶快再往北方走，过了好一会儿，才没有被海浪给追到。

小诚的邻居们很开心地感谢他，小诚的妈妈告诉大家，这都是因为小诚很诚实，才获得了神仙的帮助呢！

深爱理由

在中国的传说里面，神仙往往不会直接告诉你答案，或是给你礼物，通常都会让凡人去经历一个信仰的考验。我一直很喜欢这样的逻辑，因为会让孩子在潜移默化中了解付出代价的重要性。

可别小看这样的逻辑哦！透过故事与孩子分享，如同启发小小的心灵智慧种子的养分，当养分日积月累，未来面临人生考验的时候，可是会带给孩子很大的力量呢！

进行方式

在这个故事里面，有几个地方需要很清楚说明，因为大人能懂，但是小朋友会不太知道其中的关联性。

就像真实世界里的石狮子是不会流血的，所以这也衍生出另一个可以在故事进行中问孩子的重要问题："如果你是小诚的邻居，你会跟着他一起逃走吗？为什么呢？因为石头狮子的嘴巴应该不会流血啊？"

这个问题的重点在于，"因为小诚从来不说谎"，所以别人才会相信他讲的话，如此一来，就可以启发孩子关于"诚实"的重要性。

深度互动

这个故事如果是说给很小的小朋友听，那大家听完故事就好，但如果是针对比较大的孩子，张爸爸建议可以和孩子讨论，如果你是去跟老爷爷买油的人，你会骗他吗？

其实这个问题很有趣，可以牵扯到一个人面对自己时的责任和要求。

我通常会问孩子另一个更刺激的问题是："请问你哦，如果你骗那个老爷爷，他既不会知道，又不会生气，这样你还是可以骗他吗？"呵呵！这个问题可以引导出很多有趣的讨论呢！

诚实油 171

鹦鹉站在骆驼的头上，

瘦瘦的猴子紧紧攀着骆驼的脖子害怕掉下去！

狮子最好笑了，坐在公主的背后，

紧紧地抱住公主的腰，

像是在骑摩托车，真是可爱！

沙漠公主历险记

张爸爸讲故事

很久很久以前，在一片沙漠当中，有一座城堡，城堡里面住着善良的国王、皇后和他们最可爱的小女儿"豆豆公主"。

豆豆公主有四个动物好朋友，分别是懒惰的狮子、害羞的骆驼、瘦瘦的猴子和小小可爱的鹦鹉，他们过着快乐的日子！

可是有一天，沙漠里面的大坏蛋"黑暗法师"突然带着军队来欺负他们，国王带领军队和黑暗法师的军队决斗。可是国王受伤了，大家都很担心，不知道该怎么办才好。

国王把豆豆公主请到他的床前，告诉她："豆豆公主啊，爸爸受伤了，现在只有请你去找人来帮忙。在离我们城堡不远的小山上有一个山洞，里面有一个勇敢强壮的巨人。听说他是因为不小心而被黑暗法师关在里面，你去找找看，如果他可以来帮忙，一定可以打败那个黑暗法师的！"

豆豆公主说："可是爸爸，我只是一个小朋友，我有办法吗？"

国王爸爸说："不要小看自己，你虽然小，但是也可以做很棒的事情哦！"

豆豆公主虽然害怕，但是想到受伤的爸爸，她还是鼓起勇气答应了爸爸，一定赶快带巨人回来救大家。

豆豆公主把四只动物找来，告诉它们她要出去找人来帮忙，四只动物很想帮公主，但是它们和公主一样害怕。

狮子说："公主，我不知道我有没有办法帮忙，我只是一只懒惰的狮子啊！"

骆驼说："对啊！我也只是一只害羞的骆驼啊！"

猴子说："对啊！我很瘦的，可能什么忙也帮不上。"

鹦鹉说："我也只是一只小小的鹦鹉呢！"

豆豆公主说："大家别再担心了，我爸爸受伤了，不管怎样我一定要把巨人带回来。而且爸爸说我们虽然小，但是也可以做很棒的事情哦！走吧！"

于是他们就出发了。

可是没想到，他们才刚从城堡的后门出来，就碰到了坏蛋的军队，这下子该怎么办啊？

豆豆公主说："狮子，这些坏蛋就交给你了，你虽然爱睡觉，但是你的声音可是全世界最让人害怕的声音了！"

狮子听了豆豆公主的话，就变得超级有力气，接着它用力往前一跳，张开它的大嘴巴，大声地"吼"了一声，结果那些坏蛋差点没晕倒，吓得赶快逃走了。

于是他们继续出发，可是踏出城堡的时候公主才发现沙漠好烫呀，根本没办法继续往前走。这时就看到骆驼蹲了下来说："豆豆公主，交给我吧！您忘了，我虽然害羞，但我可是最不怕热的动物呢！"

大家高兴地爬到了骆驼的身上，但是看起来挺好笑的——鹦鹉站在骆驼的头上，瘦瘦的猴子紧紧攀着骆驼的脖子害怕掉下来！狮子最好笑了，坐在公主的背后，紧紧地抱住公主的腰，像是在骑摩托车，真是可爱！

但是走啊走，走啊走，太阳真的好大！他们已经走到快迷路了，怎么办呢？小鹦鹉飞了起来说："大家别担心，我虽然很小，但是我可以飞得很高，我飞上去看看那个山洞在哪里吧？"

还好有小鹦鹉的帮忙，他们才没有迷路，终于来到了山洞的前面。

真的呢！山洞里面关着一个巨人呢！豆豆公主大声地说："巨人先生，我是豆豆公主，想请你帮忙去打败黑暗法师。"

可怜的大巨人弯着腰，被关在山洞里面。大巨人小声地说："好啊！那个黑暗法师最坏了，我也想帮你，但是我出不去啊！山洞上面有一棵很高的树，钥匙就在上面，你们可以拿到吗？"

但是豆豆公主怎么可能爬上去呢？

就在这个时候，猴子说："我来吧！我虽然瘦，但我可是爬树高手呢！"

哇！猴子好厉害，一下子就爬到上面把钥匙拿了下来，于是他们赶快把巨人放了出来。巨人说："谢谢你们！我们快去打败黑暗法师吧！"

巨人把大家放在他的肩膀上面，才跑了几步就回到了豆豆公主的城堡边。

黑暗法师本来快要攻进国王的城堡了，突然听到了"轰轰轰"的声音，抬头一看，哇！原来是巨人来了！只看到巨人一挥手、一踢脚，黑暗法师的军队一下子就飞到了好远的地方。最好笑的是，大巨人蹲下来用手指头用力一弹，哈哈！黑暗法师"砰"的一声，不知道飞到哪里去了！

巨人弯下腰来说："豆豆公主谢谢你啦！我要走了，下次再来找你玩啰！"

公主回到城堡，国王爸爸说："豆豆公主，你真是太厉害了！"

豆豆公主说："爸爸，您说的是真的呢！原来我和我的朋友虽然小，但是也可以一起合作做出很棒的事情哦！"

深爱理由

不知道大家有没有注意到，在《功夫》《少林足球》等周星驰的一些影片里面，很多主角都是没有名字的，不信的话你可以回想看看哦！据媒体报道，"星爷"是希望能够传递小人物也可以做出大事的观念。

同样的，像沙漠公主这样的故事，除了让孩子觉得很有趣之外，也能让孩子自然地产生自信呢！因为在这个故事里面，每个角色都有自己独一无二的特长与缺点，却能一起完成一件伟大的事情，张爸爸觉得我们这个社会太重视英雄主义了，往往用同样的标准来要求和限制孩子，可是千万别忘了——没有小螺丝，再厉害的机器也是无法运转的！

所以希望这个故事也能提醒爸爸妈妈注意孩子的独特之处哦！

进行方式

这个故事真是太好互动了，请别急着说出路上他们解决困境的方式，你会发现让孩子自己想出答案，对他们来说真是太有成就感了！同时建议你可以像张爸爸之前说这个故事时一样，设计一个帮自己加油的动作，就是轮流用双手轻轻敲打自己的胸膛，大喊："加油！"

然后在路上只要遇到困难，那位该出来的动物就会用这种方式帮自己加油！不过可以加点好笑的部分，比如说狮子因为指甲尖，所以加油时会扎到自己的肉。骆驼四只脚，但是用两只脚帮自己加油会跌倒。小鸟帮自己加油时忘了挥翅膀会从天上落下来。猴子帮自己加油也会从树上掉下来。

呵呵！孩子看到这个过程可是会笑到跌倒呢！而且下次他们遇到困难的时候，也可以请他们用这个方法帮自己加油。

深度互动

说完这个故事，可以和孩子讨论所有的动物各自厉害独特的地方在哪里？然后再和孩子聊聊，他们自己厉害的地方在哪里？这个过程不只是鼓励孩子，也可以让你测验一下自己了解孩子的程度哦！

老虎嘴里叼了一个好大的篮子，

里面装了好多水果，

妈妈走了出来，

突然发现老虎身上绑了一条大哥哥的手帕。

老虎报恩

张爸爸讲故事

从前在一个村庄里住着一户人家，有一个妈妈和一个大哥哥。可是这个妈妈因为年纪大了，所以都是大哥哥到山上去砍柴，拿去镇上卖，换钱来照顾家里。而且这个大哥哥，每天都会帮妈妈煮饭、按摩，附近的人都称赞他是一个孝子。

有一天，这个大哥哥到山上去砍柴，正在砍柴的时候，突然听到一个奇怪的声音，好像是一只动物在喊痛的声音。他走到旁边的草丛一看，发现在草丛里有一只老虎在哭。

大哥哥走到了老虎身边，对着老虎说："老虎先生，我来帮你看一下，但是你不可以咬我哦！"老虎好像听得懂他讲的话一样，点点头。

大哥哥就检查了一下老虎的身体和手脚，发现在老虎的脚底下，插着一根尖尖的树枝。原来老虎受伤了，这时候大哥哥拍拍老虎的头说："老虎，我现在要帮你把这根刺拔出来，你要忍耐一下！然后等一会儿，我再帮你擦药。"

老虎点了点头，大哥哥把老虎脚上的刺给拔了出来，再帮老虎擦上药，老虎站了起来，向大哥哥点了点头就走了。

过了几天，大哥哥去山上砍柴的时候，突然一不小心滑了一跤，从路上摔了下去，滑到了悬崖旁边，大哥哥赶快抓住了一条树根，大喊"救命啊！救命啊！"可是那条树根太细了，结果大哥哥从悬崖山坡一路咕噜滚啊滚，摔到了山崖下，奄奄一息地躺在地上！突然就听到"吼"的一声，原来是大老虎来了，大哥哥吓了一跳，心想完蛋了。但是仔细一看，眼前不就是他之前救的那只大老虎吗？

老虎报恩   181

大哥哥对着大老虎说："大老虎，我受了很严重的伤，可能就要死掉了，我最担心的就是我的妈妈了，因为如果我死了，就没有人煮饭给她吃，也没有人帮她按摩了，可不可以请你每天都带东西去给我妈妈吃。我手上的这条手帕送给你，这样妈妈就知道是我叫你来的了。"说完话，大哥哥把手帕绑在大老虎的脖子上，然后就死掉了。

大老虎站在大哥哥身边，对着大哥哥跪下来，流下了眼泪。

那天晚上，妈妈在家里等了又等，都没等到大哥哥回来，于是妈妈开始担心了起来。隔天，神奇的事情发生了，早上他们家的门口，出现了很多水果。

妈妈觉得很奇怪，就去问附近的邻居，却没有人知道是谁送的。于是，有一天晚上妈妈决定不睡觉，要看看到底是谁送水果来。

结果，到了很晚的时候，突然有一个黑黑大大的影子，出现在他们家门口，原来是那只大哥哥曾经救过的老虎。

老虎嘴里叼着一个好大的篮子，里面装了好多水果，妈妈走了出来，突然发现老虎身上绑了一条大哥哥的手帕。妈妈吓了一跳，还以为大哥哥被老虎吃掉了，又难过又生气地拿出棍子向老虎冲过去就打，老虎竟然也不跑，就让妈妈打他。

打了一会儿，妈妈觉得怪怪的，就放下了棍子，向老虎点了点头，老虎也向妈妈点了点头，转身走了。

妈妈把这件事告诉了邻居，大家都说一定是老虎吃了大哥哥，决定要把老虎抓起来。第二天当老虎又送水果来的时候，大家就冲上来，把老虎绑了起来。

可是老虎很奇怪，它一点也不想逃走。大家把它绑起来以后，决定第二天要把老虎杀掉，免得它又去吃人，可怜的老虎就被大家给关了起来。

还好那天晚上妈妈在睡觉的时候，突然梦到了大哥哥。大哥哥说："妈妈，对不起，我去山上砍柴的时候，不小心摔到山下去了，不是老虎把我吃掉的。所以，妈妈您要对那只老虎好一点，是我拜托它要来照顾您的！它以后就是您的儿子了。"

妈妈听完了大哥哥说的话，起床以后赶快跑去找邻居们，告诉他们发生的事情。大家都觉得这真是太神奇了，于是赶快把老虎给放开来，老虎出来以后，走到妈妈的身边，用头轻轻地靠着妈妈。

妈妈摸摸老虎的头，流下了眼泪说："老虎谢谢你，我会把你当作我自己的儿子的。"

于是妈妈就带着老虎回到了家里。从此以后，老虎每天都会上山去采水果给妈妈吃，帮大哥哥孝顺他的妈妈。

村子里的人都叫这只老虎是"老虎孝子"。

深爱理由

"要乖乖听爸爸妈妈的话哦！"

"要做很多伟大的事情，让爸爸妈妈高兴哦！"

说到有关孝顺的故事，张爸爸最怕的就是这种"太刻意"的故事，而且通常听别人在讲这类故事的时候，对方都会故意加强某些部分，弄不好其实还会有反效果呢！

不过，这个故事却不会这样，它通过一个间接的方式，来让孩子感受主角对妈妈的爱。

所以，只要你一讲这个故事，就会发现一件事——小朋友怎么听得那么专心啊！还有人会越听越紧张，甚至哭出来呢！其实这样的效果，真的比说教式的故事好很多呢！

进行方式

这个故事可以用讲的，也可以用手偶来表演。

以几个主要的角色来做简单的手偶，就可以带给小朋友很棒的观赏体验了。同时，如果你是故事志工，还可以用舞台剧的方式来呈现故事，其实排演起来并不难，但是演出效果却非常好。

有哪些方法，可以让辛苦的爸爸妈妈高兴呢？

在故事的最后，可以请小朋友写下答案，或是让他们自由表达。不过张爸爸建议大家，问答的方式一定要很轻松，这么一来你会接收到一箩筐来自孩子们的家庭趣事和童真奇想哦！

奶奶的房子，好像一个火柴盒，

而且好像到处都是补补贴贴的呢！

门上竟然有一个大笑脸！

咦，那个鼻子怎么是强强上次坏掉的火车玩具？

超级奶奶

 张爸爸讲故事

　　今天强强好开心啊，因为听爸爸妈妈说，今天放假要去山上的奶奶家玩。

　　"这个奶奶有超级好笑和神奇的魔法呢！"

　　听爸爸妈妈这么说，不知道是真的还是假的？

终于到了山上，啊！这是奶奶的房子吗？真是太可爱啦！

奶奶的房子，好像一个火柴盒，而且好像到处都是补补贴贴的呢！门上竟然有一个大笑脸！咦，那个鼻子怎么是强强上次坏掉的火车玩具？

推开门一走进奶奶家，哇！奶奶家的桌子竟然是一块好大的石头呢！

强强问奶奶："奶奶，您怎么不买一张桌子啊？"

奶奶说："这块石头就可以用来当桌子啊！强强，东西可以用就好，别浪费！"

奶奶要大家坐下来吃饭。哇！奶奶家的椅子竟然是四个倒过来的垃圾桶，强强问奶奶："奶奶，您怎么不买一把椅子啊？"

奶奶说："用坏的垃圾桶倒过来就是椅子啊！东西可以用就好，别浪费！"

嗯，奶奶桌上的菜看起来很好吃，强强一下子就吃了两碗呢！

奶奶对强强说："强强你知道吗？今天的菜可是我在菜市场特别挑的呢！比如说有破掉的豆腐，或是不小心摔到的蛋，这些都比较便宜哦！可是煮起来一样好吃啊！东西可以吃就好，别浪费！"

超级奶奶

天黑了呢！奶奶点亮了家里的灯，嗯，奶奶家的灯好有趣哦！外面那个灯罩好像是雨伞呢！强强问奶奶："奶奶，您怎么不买一个新的灯啊？"

奶奶说："上次雨伞被风吹坏了，修一修就能拿来当灯罩啊！东西可以用就好，别浪费！"

强强突然又发现，奶奶脚上的鞋子好好笑哦！竟然缝缝补补的呢！强强问奶奶："奶奶，您怎么不买一双新鞋子啊？"

奶奶说："缝一缝，修一修，鞋子一样很好穿啊！也很可爱，东西可以用就好，别浪费！"

吃完了饭，强强和爸爸妈妈在门口和奶奶聊天。哇！晚上的风吹过来，真是舒服啊！奶奶说："好了，大家该去睡觉了。"

强强吓了一跳："奶奶，您都不看电视的吗？怎么那么早就去睡觉啊？"

奶奶笑笑说："哈哈！奶奶家没有电视，而且早睡早起身体好！"

爸爸妈妈笑着抱起了强强，一起去睡觉了！

强强看到床觉得好好玩，因为那是三张用绳子编成的床呢！看起来可以摇来摇去好舒服，这是强强睡过最好玩的床呢！

奶奶走进来亲了强强一下，对他说："强强，乖乖睡觉，奶奶明天买新玩具给你哦！"强强说："奶奶，不用啦！我已经有旧玩具了，而且，东西可以用就好，别浪费！奶奶我会学您一样节俭！哈哈！"

那天晚上，强强做了一个好玩的梦。他坐在一台补补贴贴的飞机上，飞得很高，而且奶奶也变成了白云呢！

深爱理由

有一天，一位妈妈去逛街，正想拿出钱包买件新衣服时，旁边忽然传来一声："妈妈，衣服可以穿就好，别浪费！"声音来自站在旁边的女儿，哈哈！

又有一天，一位爸爸想坐计程车，正要抬手打车时，被爸爸牵着的小朋友说话了："爸爸，离家里这么近，走路就好，别浪费！"呵呵！真是让爸爸哭笑不得。

这些真实小故事，都是一些带小朋友来"故事屋"听过《超级奶奶》的爸妈，跟我们分享的。《超级奶奶》是我看了《佐贺的超级奶奶》之后的心得创作，说这个故事的时候，孩子们听了都十分喜爱。没想到回家以后，有人就立刻产生了这些奇妙、让大人喷饭的"化学反应"，呵呵！

所以说，要教孩子学会节俭，不如用这个故事让他们

超级奶奶　　189

自然接受爱惜东西的习惯吧！

进行方式

"东西可以用就好，别浪费！"

请大家在说故事时，一定要特别强调这句话，接着你家的小朋友可能会跟着一起喊呢！如果你是小学的说故事志工，呵呵！故事还没讲完，小心！窗户外面可是会站满从隔壁班好奇跑来旁听的同学呢！

深度互动

这样的故事，可不要讲完就结束了，一定要跟孩子讨论一下，大家动动脑想想看："生活当中还有什么东西，可以以不同的用途重复再利用？像如何节省水，如何节约用电？"孩子可是创意无限的呢！

再看一件嘛！

不可以！
妈妈你买太多了！

超级奶奶　191

请小朋友猜猜看，
为什么在大象的陷阱里面，
要放很多的干草？

古人抓
大象的故事

张爸爸讲故事

古时候，当人们要搬很重的东西时，常常很容易受伤，而且非常危险。

所以他们会去抓一种动物来帮忙，就是大象。但大象可是非常聪明的，因此想要抓到它，其实是一件很难的事情。

首先，人们必须在大象常常经过的路上，挖一个陷阱，不过陷阱必须要挖得让大象看不出来。

因为大象的记性很好，如果它发现地上的土有被动过，可是会绕路的哦！这样一来那个陷阱就没有用了。

但是，请小朋友猜猜看，为什么在大象的陷阱里面，要放很多的干草？

没错！就是因为大象如果掉进里面受伤的话就糟糕了！骨头摔断的话，当时可是没有任何医生可以医治的，大象可能就会因此而死掉！

接着，第二个问题要请小朋友再猜猜看，大象掉进了陷阱里面，要在里头待多久呢？

给大家一个暗示，越是聪明的动物，野性是越难去除的。所以如果太早把大象放出来，大象会攻击人类，被大象撞到的话那就惨了。

告诉大家答案吧，大象要在陷阱里面待一年。

哎呀！所以其实抓大象是一件很残忍的事情。不过还要跟大家说的是，并不是只把大象孤单地关在陷阱里面就好，还要帮它选一个主人，这个人每天都要来帮大象洗澡，或是喂它吃东西，甚至还要陪大象聊天呢！

为什么呢？

这样经过一年以后，大象才会慢慢失去对人类的敌意。

古人抓大象的故事　　193

可是第三个问题又要问大家了，一年以后，大象那么重，要怎么让它出来呢？嘿嘿！这可是一个很难的问题哦！

好啦！公布答案了！

其实很简单，就是把其中一边陷阱里面的土挖掉变成斜坡。这时大象的主人就要来了，他必须站在斜坡上跟大象说："快出来，快出来。"

而大象只会听他的话！

然后，从此这只大象就可以跟着主人，帮人类做许多需要很大力气的工作了。

深爱理由

这大概是我第一次从报纸上看来的故事，这个故事很棒的原因，在于它有很强的"互动性"。

因为，每个故事中的问题，都会让孩子充分发挥他们的思考、逻辑及想象力，而且不管大孩子还是小孩子，都很喜欢这个故事呢！

在这个故事的文字中，张爸爸其实已经告诉大家故事进行的方式了，就是尽量不要自己讲答案，让孩子猜猜看接下来有哪些方法，他们的创意常常会让我们大人"哇"的大吃一惊，心想真是太厉害了！

当然也会有很多好笑的答案啦，比如问他们："怎样请大象出来？"竟然有小朋友说："放一只老鼠进去，大象会自己跳出来啊！"哈哈！

深度互动

"如果不是用斜坡，还有哪些方法可以让大象出来呢？请大家动动脑。"

讲完这个故事后，我曾经出过这个问题问孩子们，他们的反应也很棒。嘿嘿！分组讨论的结果，保证让你大开眼界！

古人抓大象的故事

国王拿到了戒指非常高兴。

于是他问东东想要什么奖赏？

东东想了想说：

"国王谢谢您！但是我想要的礼物

要分给大臣一半！"

一半奖赏

张爸爸讲故事

　　很久以前有一个国王，他把自己的戒指弄丢了，于是他贴出告示：

　　"不管是谁，只要找到国王的戒指并且送回皇宫，国王就会给他任何他想要的奖赏！"

　　有个叫作东东的人捡到了这枚戒指，于是他赶快到皇宫去想要送还给国王，可是在皇宫门口他遇到了一个坏蛋大臣。大臣看到了戒指，要求东东把这个戒指给他，而且竟然还要赶走他！

东东很生气地说："这枚戒指我要亲自拿给国王，不能给你！"

大臣说："你这个人！好！我就让你把戒指拿给国王。可是，你必须把国王送给你的东西分我一半，不然等你出来，我就要把你抓起来！"

东东心想："你这个贪心的人！戒指又不是你找到的，怎么可以这样！"

东东很无奈地答应了大臣的要求，但是他决定要和大臣开一个玩笑来惩罚他！

于是，东东和大臣来到国王的面前。国王拿到了戒指非常高兴。于是他问东东想要什么奖赏？东东想了想说："国王谢谢您！但是我想要的礼物要分给大臣一半！"国王觉得很奇怪，但是大臣却非常开心。

国王说："好啊！虽然我不知道你为什么要这样做。但是我答应你的事情一定会做到，所以不管你要什么礼物都可以！"

东东说："国王请听清楚了！我想要请国王……用大大厚厚的木板，打我屁股一百下！请先把一半给大臣吧。"

国王笑了笑说："原来是我们这个贪心的大臣想欺负你。好，没问题！你要的这个礼物我就先送一半给大臣吧！"

结果坏蛋大臣真的被打了五十下。就在快打完的时候，东东说："国王，这样好了，我是一个大方的人，剩下的五十下也一起送给大臣吧！"

哈哈！东东说完话，不慌不忙地离开了皇宫。只剩下那个贪心的大臣，真的被打了一百下屁股！

深爱理由

相信这个故事的答案，已经告诉你张爸爸深爱它的理由了！而且我每次讲这个故事，都好期待看小朋友和大人听众们在最后答案出来时的反应哦！每个人都会先愣住，再爆笑出来！嘿嘿，很适合逗笑正在生气的女儿呢！

进行方式

说这个故事前，请大家先要和较小的孩子说明一半的意思。比如说，西瓜怎么分一半？四个苹果的一半是几个？六根香蕉的一半是几根？ 这样会让孩子比较了解答案

一半奖赏

的意思。

而且故事最有趣的地方就是说到东东的答案时，千万不要直接讲答案！请小朋友尽量猜猜看，这样会增加答案出来的张力哦！

当然最后也可以问孩子如果你是东东，还可以选择什么东西当好笑的礼物？孩子们的答案也是千变万化哦！

深度互动

一半是个很有趣的数学概念，可以试着让孩子进行下列的活动哦！

把一杯水分一半！

将一堆不同颜色的袜子，分队比赛分成一半！（对颜色的快速辨认）

当然你也可以试试别的衍生游戏！

唉哟……

从那天开始，

方方每天都会带着圆圆送给

他的皇冠和天使翅膀来上学。

大家都好喜欢他哦，

因为他可是最棒的天使国王呢！

不一样的
小朋友

张爸爸讲故事

圆圆的幼儿园里面来了一个新的小朋友。

这个小朋友，看起来和别的小朋友不太一样，他的头上没有头发，而且他竟然坐在轮椅上面！

老师跟大家说："小朋友们好！新同学的名字叫作方方。你们大家要照顾他哦，因为他是你们的新朋友！"

老师叫方方坐在圆圆的旁边，方方对着圆圆笑了笑说："你好！"

圆圆有点不敢跟方方打招呼，因为她觉得，方方看起来和其他同学不一样。

有一天下课的时后，圆圆正在画画。

突然，方方靠了过来，问圆圆说："请问你在画什么啊？"

圆圆说："我在画小天使啊！"

方方说："我可以跟你一起画吗？"

圆圆有点害羞地说："可以啊！"

过了一会儿，他们两个人一起画了一个好漂亮的天使世界！

圆圆和方方一起击掌，两个人都笑得好开心。

圆圆问方方说："方方，你为什么头上没有头发啊？还有你为什么要坐在轮椅上面呢？"

方方说："妈妈说我生了一种奇怪的病，所以我要常常去医院。而且，我的头发因为这个病都长不出来了；我的脚也跟着越来越没力气，所以我只好一直坐在轮椅上面。"

圆圆说："原来是这样啊，方方你要勇敢！我希望你的病赶快好起来。"

那天回家以后，圆圆觉得她特别喜欢方方，她决定要

不一样的小朋友

送礼物给方方！

小朋友你们猜猜看，圆圆要送什么礼物给方方呢？

隔天早上，圆圆拿了一个袋子来学校。告诉方方说："方方，我要送你很棒的礼物！"

圆圆拿了一个好漂亮、好威风的皇冠出来说："这个皇冠送给你，这样你的头就不会冷了。而且你就变成一个可爱的光头国王了！还有一个礼物，这是一个很棒很棒的天使翅膀！送给你，这样你就不用走路可以飞了啊！所以，方方你要加油哦。"

从那天开始，方方每天都会戴着圆圆送给他的皇冠和天使翅膀来上学。大家都很喜欢他，因为他可是最棒的天使国王呢！

过了好久，方方突然没有来上学了。大家觉得很奇怪，圆圆每天都在问老师方方去了哪里？老师说他也不知道。有一天，方方的妈妈来到学校说要找圆圆。

方方的妈妈把皇冠和天使翅膀，还给了圆圆，跟圆圆说："圆圆，方方说要谢谢你！但是方方现在已经去了天堂！他现在已经是真正的天使小国王了！所以，方方说要还给你当作礼物哦！"

从那天起，圆圆每天都会对着天上的星星祈祷说："方方，你在天上要快乐啊！"

这个故事是因为张爸爸看到了一个介绍癌症病童的影片，深受感动所引发的创意！尤其是张爸爸常常听到很多老师和爸爸妈妈问我，怎么教孩子面对特殊孩子应有的态度。我想这个故事给了大家很好的参考！因为，除了特殊的眼光，孩子也可以用他们的童心和善意，为他们认识的特殊小朋友做一些很棒的事情！

进行方式

请大家不要将这个故事说得太伤心，张爸爸发现，孩子对死亡并没有太多的认知。往往都是大人不断的悲痛影响到他们！因此，建议大家将情节的重点摆在圆圆思考礼物的过程！通常张爸爸会请小朋友一起来想，而且会给他们线索，比如说："方方头上没有头发，那可以送他什么呢？还有他脚没有力气，可以送他什么呢？"如果你也进行了这样的过程，恭喜你！听了这个故事的孩子，也会开始学会体谅别人，也给别人温暖的关怀。

至于最后的情节，其实可以不说那一段！但是，如果要说，请你情绪平稳地描述。你也许会发现有些孩子眼眶

不一样的小朋友 　205

会泛红，也会有点不舍。但是感动不也是我们希望孩子从故事中感受到的情绪吗？

深度互动

和孩子谈谈他们看过哪些特殊的人们吧。与其避讳，不如坦然地让孩子来了解和讨论！告诉他们这些人们必须面对的挑战。甚至如果有机会，带他们去认识这些人，你会发现孩子们心胸的开阔和温暖，远超过你的想象！

正当新郎上前准备扶新娘子走下轿子的时候，

济公师父突然冲了上去，

背起新娘子就往外跑，

结果大家都吓了一跳！

济公师父之飞来峰传奇

在很久很久以前，有一位很有智慧的和尚师父，名字叫作济公师父。他最喜欢做的事情就是到处去帮助别人，可是有一次发生了一件特别的事情。

有一天，济公师父走在路上，突然看到远远的天上出现了奇怪的东西，竟然是一座山正从天上慢慢地飘过来。

济公师父吓了一跳！他仔细看了一下，发现这座山就快飘到石匠村上面了，如果山掉下去，村子里面的人不就全部都会被压死了吗！这可不行，于是济公师父赶快跑进村子里面，告诉大家这件事情。

跑进村子后，济公师父一看到人就告诉对方山快要掉下来了！可是，大家都觉得济公师父疯了！怎么可能会有山掉下来呢！所以没有人相信他。济公师父越来越急了，这下子要怎么办呢？

就在这个时候，突然听到了敲锣打鼓的声音，村口来了好多人呢！原来是村子里面有人要结婚娶媳妇，还看到有人抬着新娘子的轿子，喜气洋洋地准备到新郎家去呢！哈哈！这可让济公师父想到了好办法！

于是他跟着大家到了新郎家，正当新郎上前准备扶新娘子走下轿子的时候，济公师父突然冲了上去，背起新娘子就往外跑，结果大家都吓了一跳！可爱的济公师父还故意在村子里面跑过来跑过去，惹得整个石匠村的人都很生气，大家都出来追济公师父，还在后面边追边骂。

因为大家都以为济公师父是个疯子，竟然把新娘子给抢走了，而且济公师父还故意回头看大家做鬼脸。整个村子的人都出来追他，大家决定无论如何一定要追到他把新娘子给抢回来。

济公师父之飞来峰传奇 209

结果全村的人都出了门追着济公师父跑，这时济公师父突然换了一个方向往村子外面跑，大家也只好跟着他跑出了村子。跑了好长一段路后，济公师父回头看了一眼，突然在一个小山坡上停了下来。慢慢地把吓坏的新娘子放在地上，这时全村的人也都跑到小山坡上了，而且都生气地围着他，有人甚至想要动手打济公师父呢！

　　就在大家正要责怪济公师父时，突然听到村子那边传来惊天动地"轰"的一声，回头一看，真的有一座好大好大的山刚好压在他们的村子上，大家都吓了一跳，这才明白原来济公师父是要救大家，如果没有跟着济公师父出来的话，大家可能都会被压在那座山底下了。

　　大家回过头来，正要感谢济公师父的时候，济公师父笑了笑，扇了扇他手上的扇子，踩着脚上的破鞋子，挥挥手慢慢地走了。这时，大家只听到了济公师父的歌声传来：

　　"鞋儿破，帽儿破，身上的袈裟破，你笑我，他笑我，一把扇儿破……"

　　后来石匠村的村民为了感谢济公师父的恩情，将飞来峰上面都刻满了佛像！

　　现在大家如果有机会去杭州的灵隐寺，可以注意看，旁边真的有座飞来峰，而且飞来峰上面的植物真的和当地的植物不同呢！这个神话也许是真的哦！

张爸爸从小就很爱中国的传统神话故事，因为里面除了丰富有趣的情节之外，还有很多智慧以及风俗在里面。尤其济公师父的故事更是精彩绝伦，如果大家有机会去找这方面的资料，你就会发现，济公师父真的是一位很特别的神明。充满智慧，风趣幽默，时常用令人捧腹的方式化解很多危机，还能同时渡化世人。甚至济公师父很多的名言，大家应该也不陌生。比如说：

酒肉穿肠过，佛在心中坐。修心不修口。

世人都晓神仙好，唯有金钱忘不了，终朝每日常时念，及到多时眼闭了；

世人都晓神仙好，唯有功名忘不了，古今将相今何在，荒塚一堆草没了。

你看，是不是也有很多让人深思反省的部分呢！所以，中国文化真是有很多的宝藏！

济公师父之飞来峰传奇　　211

在这个章节里面的故事，故事本身就很丰富，所以互动要干净利落。比如说，在这个故事里面，我只会问小朋友一个问题，如果你是济公师父，有什么方法可以让大家从村子里面出来呢？你会发现孩子的答案，真是千奇百怪，不过有时候有些答案可是会让我们大人感到惊奇呢！

在中国传说故事的概念中，张爸爸很喜欢请大一点的孩子找其他这方面的故事。

尤其是现在的资料太容易拿到了。比如说图书馆或是网络，所以我会请小朋友去找一些有关济公师父或是其他神明的故事。其实这会开启他们对中国文化的了解，也能学习找资料的方法。